KB036135

L'économie de la connaissance

지식
경제학

전면개정판

도미니크 포레이 지음 서익진 옮김

한울
아카데미

◆ 2000년 프랑스 La Découverte 출판사에서 Repères 시리즈로 발행된 이 책의 초판은 한울엠플러스(주)(구 도서출판 한울)에서 2004년에 번역·출판되었습니다. 그리고 2009년 프랑스에서 전면개정판이 다시 발행되어 새롭게 번역·출판하게 되었습니다.

◆ 이 도서의 국립중앙도서관 출판예정도서목록(CIP)은 서지정보유통지원시스템 홈페이지(http://seoji.nl.go.kr)와 국가자료공동목록시스템(http://www.nl.go.kr/kolisnet)에서 이용하실 수 있습니다. (CIP제어번호: CIP2016004117)

Dominique Foray

L'économie
de la connaissance

NOUVELLE ÉDITION

ENTIÈREMENT REFONDUE ET MISE À JOUR

La Découverte

이 책의 프랑스어 원서 초판은 2000년에, 전면개정판은 2009년에 나왔다. 초판 역시 옮긴이가 번역해 2004년에 한울에서 출간된 바 있다. 이번 전면개정판의 번역도 맡게 된 옮긴이로서는 늦게나마 이 책을 출판하는 것이 다행이라고 생각한다. 출판사 입장에서는 국내에 지식경제학 서적이라고 할 만한 책이 마땅히 없다는 사정을 고려했을 것으로 짐작된다.

이 책은 초판에서 틀이 크게 바뀌지는 않았으나 내용 구성이 더욱 체계화되었고, 초판과 같은 제목의 장이나 절에서도 내용이 거의 모두 새롭게 기술되었다. 또 지식의 관리 전략 및 정책 관련 부분을 다룬 장이 새롭게 추가되었고 내용도 더욱 보강되었다. 그래서 단순히 하나 이상의 장을 첨가한 증보판 또는 내용 일부만 수정한 개정판이 아니라 전면개정판이 된 것이다. 이 점을 감안하여 옮긴이는 독자 여러분이 이 책과 함께 초판을 함께 읽어보시기를 권한다. 그러면 지식경제에 관한 더욱 풍부한 지식은 물론 이 분야에 관한 더욱 명료한 이해를 얻게 될 것이다.

초판의 역자 서문에서 옮긴이는 지식(기반)경제가 우리 사회의 화두가 되었음에도 불구하고 '지식경제학'에 관한 책은 물론, 이를 본격적으로 연구하는 학자도 거의 없다며 '자격 없는' 불만을 토로했다. 그리고 지난 1997년의 이른바 'IMF 경제 위기'의 근본 원인이 우리의 '지식' 부족에 있기에, 무엇보다 창의적인 학습을 중심으로 한 '교육 개혁'이 중요함을 강조한 바 있다. 그러나 지금까지도 이러한 사정이 거의 개선되지 않아 안타까울 뿐이다.

한때 국내에서는 지식기반경제가 금융주도경제를 대체할 새로운 대안 경제의 하나로서 관심을 끌기도 했다. 그러나 이 관심은 일부 학계에 국한된 것이었고 그마저도 지속되지 못했다. 요즘에는 창조경제가 '반강제적으로' 사회적 화두가 되었지만 창의적 지식의 배양이라는 근본 대책에 대해서는 다들 무관심한 것 같다. 그뿐만 아니라 지식(기반)경제를 새로운 현상으로 간주하고 이를 대상으로 지식경제학이라는 학문 분야를 발전시키려는 학자도 거의 없다. 더욱이 기초학문의 고사(枯死)를 사실상 방치하고, 심지어 이를 의도적으로 추진하는 경향마저 보인다. 기초가 부실한 초고층 빌딩이 과연 얼마나 버틸 수 있을까? 걱정이 앞서는 대목이다. 이 책이 이러한 무관심과 경향에 경종을 울리는 계기가 되기를 간절히 바란다.

경제학을 전공하는 학생이나 연구자는 물론 지식과 지식경제에 관심 있는 분이라면 누구에게나 일독을 권하고 싶다. 지식과 지식경제 관련 교과목에서는 이 책을 교재로 사용할 수 있을 것이고, 그렇지 않더라도 부교재나 독후감 리포트용으로 충분한 활용가치가 있다고 생각한다.

옮긴이는 초판의 번역이 그다지 매끄럽지 못했음을 잘 알기에, 이번 전면개정판에서 훨씬 자연스럽고 읽기 쉬운 우리말 번역이 되도록 애써준 한울 편집부의 허유진 선생님에게 마음에서 우러나는 고마움을 표하고 싶다. 앞으로도 프랑스어 책들을 번역해야 할 옮긴이에게 많은 가르침을 주었기 때문이기도 하다. 그래도 남아 있을 잘못되었거나 부자연스러운 부분은 오로지 옮긴이 책임이다. 독자의 질정(叱正)을 바라 마지않는다.

2016년 2월
무학산 자락에서
서익진

1820년경 프랑스에서 주요 산업들이 출현하기 시작했을 때 산업경제학의 기반이 구축되었던 것처럼, 지식에 기반을 둔 경제가 점진적으로 출현하고 있는 오늘날에는 지식경제학이 학문 분야의 하나로 발전하고 있다.

'지식기반경제'란 '지식 집약 활동'에 기초해 주로 각국에서 이루어지는 재화와 서비스 생산 활동 부문을 지칭한다. 통상 이러한 활동 부문은 연구 개발비와 학위 보유 근로자의 고용 비율, 정보 신기술의 사용 강도 등과 같은 지식의 생산 및 관리와 연관된 지표들을 결합적으로 사용해 식별된다.

지식 집약 활동은 역사적으로 정보처리에 특화된 부문에서 발전되어왔으며, 특히 매클럽(Machlup, 1962)의 연구를 통해 이 부문들이 잘 확인되었다(1장 참조). 다른 재화와 서비스의 생산 부문들에서도 지식 집약 활동을 살펴볼 수 있는데, 이러한 지식 집약 활동의 확산이 지식

기반경제의 출현을 야기했다고 할 수 있다.

지식기반경제의 중심 요인: 혁신

어떠한 특정 부문에서 지식기반경제가 출현했다면, 그것은 결코 우연히 발생한 일이 아니다. 왜냐하면 지식기반경제는 대개 혁신이라는 시대적 과제에 의해 반강제로 형성되기 때문이다. 이때 중요한 것은 다음 두 가지 필요성에 어떻게 대응하는가이다. 하나는 글로벌 차원에서 새로운 제품과 서비스를 연속 제공하기 위해 빠른 기술혁신을 창출해내야 한다는 점이고, 다른 하나는 그와 동시에 지식과 기술의 노후화로 인해 발생하는 '거친 파도들'을 헤쳐 나아가야 한다는 것이다 (Powell and Snellman, 2004). 따라서 혁신은 지식기반경제의 중심 요소가 되고 경쟁의 기본 규칙으로서 가격을 대체한다(Baumol, 2002).

지식 집약 활동들이 수적으로 증가하는 가운데, 혁신을 경제적 게임의 중심 요소로 만드는 주요인은 바로 체계적인 혁신을 용이하게 만들어주는 기술적 기반과 경쟁 조건(독과점 및 글로벌), 적합한 제도 등이다. 이것은 경제적 성과를 결정하는 데 있어서 자연 자원이나 물적 요소보다 지적 능력(어떤 종류의 지식이든 그것을 생산 및 동원할 수 있는 능력과 학습 능력)이 더 중요한 역할을 수행함을 암시한다. 마찬가지로 혁신과 연계된 또 다른 측면에서 보더라도 재화나 서비스의 생산을 거쳐 소비자와의 관계에 이르기까지 생산과정을 구성하는 모든 단계가 연구 개발 프로젝트 속에 갈수록 통합되고 있다. 제품 구상에 소비자가 관여하는 현상이 갈수록 두드러지는 것이 그 예이다.

과학, 기술 및 공학의 영역에서 지식 창조 활동이 가속화되고 있는 점은 지식기반경제의 발전을 보여주는 한 예이다. 유일하지는 않지만 특별히 주목해야 할 현상임에는 의심의 여지가 없다. 그러나 이에 못지않게 주목해야 할 현상은 바로 연구 및 혁신 활동의 확산과 분권화의 증대이다. 각각의 고유한 상황(소비자, 환자, 시민 등 특정 기술의 이용자)에서 새로운 범주의 주체들이 전문가로 등장해 자신들만의 실행 공동체를 형성하기도 한다. 이러한 실행 공동체는 연구소처럼 지식 생산에만 몰두하는 특수 조직이 갖고 있던 미비점들을 보완하는 역할을 하며, 때로 이 조직과 경쟁을 벌이기도 한다(Hippel, 2007; Callon et al., 2001).

지식 집약 활동은 '증거'[영어로는 evidence, 예컨대 6장에서 분석될 증거기반의학(evidence-based medicine)]의 생산, 처리 및 이용을 주목적으로 삼는 분야로도 확산되고 있다. 증거의 생산과 이용은 혁신의 반복 실행에 따른 제약과 동일한 제약(특히 학습 능력과 지적 능력의 제약)을 받게 되며, 해당 서비스의 생산성 제고와 품질 향상에 있어 혁신과 동일한 역할을 수행한다.

지식기반경제의 부문별 기반

지식기반경제는 주로 활동 부문의 수준에서 식별된다. 몇십 년 전부터 강력한 학습 효과를 창출하면서 경제 전체의 평균 성장률을 끌어올렸던 부문들(의학과 의료기기, 정보통신기술, 항공, 신소재)에서는 과학기술이 중심 역할을 수행했다. 이처럼 과학기술은 지식기반경제에서 매우 중요한데, 이는 전통 부문에서도 마찬가지다. 전통 부문에서도 변형이 지속될 경우 어떤 시점에 들어서면 지식 집약적 성격을 띨 수 있기 때문이다. 전통 부문 역시 기술 진보의 어떤 '증거' 및 이와 연계된 조직 변화, 경쟁 강화, 제도 변화 등에 기반을 두고 지식기반경제로 진입할 수 있다.

이처럼 지식기반경제의 기반을 이루는 부문들이 무엇인지 확실하게 식별된다 하더라도 지식기반경제는 국가 차원에서도 발전될 수 있다. 이때 그 나라에 어떤 자연 자원이 얼마나 풍부하게 존재하는가가 중요한 것이 아니라 국가가 지식기반경제에 특정적인 자원들의 집적 동학(動學)을 얼마나 잘 활용할 줄 아는가가 중요하다. 이 자원들(고도로 숙련된 직원, 연구 개발실 및 혁신을 위한 서비스)은 이동 가능할 뿐만 아니라 유동적이라는 특성이 있다. 하지만 그렇다고 이 자원들이 우연히 이동하는 것은 아니다. 이 자원들은 상호 집적되는 경향이 있는데, 이는 상호 집적을 통해 창출되는 대단히 강력한 외부 효과를 활용하기 위해서다.

지식기반경제를 이끈 역사적 과정들

지식기반경제로의 이행은 완만하면서도 점진적으로 이루어졌다. 역사적으로 볼 때 지식기반경제는 다음과 같은 두 가지 현상을 통해 형성되어왔다. 그 하나는 지식(교육, 훈련, 연구 개발, 정보 및 경제적 조정)의 생산과 전달에 투입되는 자원이 장기적으로 증대된 것이고, 다른 하나는 기술적으로 중대한 사건인 정보통신 신기술이 출현한 것이다. 이 두 가지 현상은 혁신 지향적인 부문에서 주로 나타난다. 여기서 새로운 지식 창출을 기반으로 한 독특한 경제가 창출되는데, 이 경제는 지식의 코드화와 전달 및 재생산 관련 비용은 물론, 연구와 혁신의 협동 작업에 드는 비용이 상당히 감소한다는 특징이 있다. 이 덕분에 지식 및 정보가 가진 잠재적 외부 효과가 크게 증대되며, 지식을 '창조'하고 '외부' 지식을 흡수하는 활동들이 상호적으로 이루어지고 활성화되는 조직을 형성하기가 용이해진다.

1980년대 이래 창출된 대다수 일자리를 동일 기간에 소멸된 일자리에 비추어봤을 때, 그 성격적인 면에서 근본적인 차이가 난다는 점에 주목할 필요가 있다. 지식경제에서는 고숙련 노동자의 비율이 상승한다는 특징이 있다. 교육 성과에 관한 통계를 보면 대학 교육을 받은 사람과 그렇지 않은 사람 간에 성과의 차이가 크다는 것을 알 수 있다. 이러한 차이는 1975~1999년에 특히 더 두드러졌다.

거시경제 차원에서 보면, 이 모든 변화는 역사적으로 국내총생산(GDP)에서 무형자본을 기반으로 창출된 부가가치가 차지하는 상대적 비중이 증가해왔다는 사실을 반영한다(Abramobitz and David, 2001).

제도적 교란

지식기반경제가 출현하면서 지난 세기들 동안 지식의 영역에서 통제 및 접근 관련 문제를 해결하기 위해 시행되어왔던 제도들뿐만 아니라 지식, 정보 및 데이터의 생산, 학습, 저장 및 재활용 활동을 조직하는 기능을 해왔던 제도들도 철저히 교란되고 있다.

바로 이러한 제도적 질서(예컨대 지적 재산권 또는 도서관, 아카이브, 박물관 등으로 형성된 인프라)의 교란은 지식경제학이 하나의 학문 분야로 발전할 수밖에 없도록 만들었다. 지식경제학은 '지식의 효율적인 생산과 이용을 가능케 하는 제도와 조직을 분석하는 학문'이라고 정의할 수 있다(Navaretti et al., 1998). 지식이 경제재로서 갖는 특별한 속성으로 인해 자원 배분 과정을 둘러싸고 특수한 문제들이 제기되었고, 그러한 문제들이 지식경제학의 연구 대상이 되었다.

따라서 이 책은 지식경제학의 출현을 다음의 두 가지 측면에서 다룰 것이다. 첫 번째는 과학적 새로움으로서 지식경제학이 독특한 하위 분야의 하나로 발전하고 있고, 그 연구 대상인 지식이 이론적·경험적으로 (특히 지식 측정 문제와 관련해) 독특한 문제들을 제기한다는 데 주목한 것이다. 두 번째는 역사적 새로움으로, 경제성장과 경제활동 조직이라는 차원에서 지식경제학이 특정한 시대의 출현을 함의하고 있다는 데 주목했다. 이 책은 이처럼 학문으로서, 그리고 역사적 시대로서 지식경제학이 갖는 이중성을 중점적으로 살펴본다.

이 책은 선진사회가 기식기반경제로 진화해가는 과정에 관한 분석을 바탕으로 이론적·경험적 영역의 개념과 도구에 관해서도 다룬다.

1장에서는 지식경제학이라는 학문이 갖는 독특성과 그로 인해 초래되는 연구상의 어려움을 살펴볼 것이다. 2장에서는 지식기반경제의 역사적 발전을 다룬다. 예컨대 지식의 생산 및 전달에 투입되는 자원의 비중이 장기적으로 증대해온 경향과 정보통신기술의 점진적인 출현으로 대변되는 기술 충격, 그리고 '혁신이라는 시대적 과제'의 등장

등을 살펴볼 것이다. 그다음 3장과 4장에서는 각각 지식의 생산에서 핵심을 이루는 두 단계, 즉 문자 그대로의 의미에서 '생산과 재생산'(특히 지식의 코드화를 통한 재생산)을 다룬다. 5장은 공공재로서의 지식을 분석하면서 이러한 지식의 속성이 갖는 장점을 탐색하고 여러 유형의 지식 점유 메커니즘을 다룬다. 6장은 앞의 세 장에서 제시된 몇 가지 요소들을 결합해 지식의 생산 및 이용 방식에서 나타나는 부문 간 불균등한 발전을 분석한다. 7장은 공공재로서의 지식에 관한 분석을 바탕으로 그 접근과 통제에 관한 문제 해결을 둘러싼 주요 제도들을 분석한다. 8장은 지식경제에서의 기업 전략, 특히 기업과 대학 및 사용자와의 관계를 살펴보면서, 미시경제적 차원은 물론 전체 경제적 차원에서 제기되는 지식 관리 문제를 다룬다. 끝으로 9장은 일국 차원에서 지식기반경제의 형성과 지리적 확장(신흥국으로의 확장 포함) 및 이와 관련된 공공 정책의 문제를 다룬다.

볼탄스키와 시아펠로(Boltanski and Chiapello, 1999)처럼 지식기반경제라는 용어가 '지식 동원 프로젝트'라는 의미로 기업 경영 강좌에서 사용될 때, 그리고 당대의 '자본주의 정신'을 구현한 요소라는 의미로 사용될 때 그 값어치가 잘 드러난다고 생각하는 사람이 있을지도 모르겠다. 사실 지식경제학 프로젝트는 자본주의의 역사적 시기마다 주요 위치를 점했던 사람들(간부)의 질문에 상당히 적합한 답을 제공하면서 그들의 염려를 덜어주었다. 그러나 경제학자들은 지식경제학이라는 개념이 경영 강좌의 차원을 넘어, 혁신 활동의 중요성 증대와 교육 훈련 지출 증대, 과학과 산업 간의 관계 강화, '지식 시장'에서의 거래 활성화, 경제성장에서 무형자본에 기인한 요인들의 중요성 증대 등 상대적으로 뚜렷하게 나타난 변동들에 기반을 둔다는 사실을 알고 있다. 즉, 지식 기반 부문과 활동의 확장이라는 논리에 의거한 구조적 변화를 살펴보는 것이 중요하지 않을까(Foray, 2004).

차례

1장

■ ■ ■

'지식경제학'이란?

학문 분야로서 지식경제학을 살펴볼 때 연구경제학(economy of research)과 혼동해서는 안 된다. 지식경제학이 기술 지식의 공식적인 생산 활동을 중심 탐구 대상으로 삼지는 않기 때문이다. 또한 지식경제학을 혁신경제학(economy of innovation)과 동일시해서도 안 되는데, 지식경제학은 단순히 기술 및 조직 변화의 조건, 방식, 효과 등에 관한 탐구에만 집중하는 학문이 아니기 때문이다. 지식경제학의 대상은 '경제재로서의 지식'이며, 그 분석 영역은 한 사회가 지식을 효과적으로 창조하고 활용하기 위해 기반으로 삼아야 하는 제도들을 이해하고 더 나아가 제도들을 비교하는 데 있다.

1. 지식경제학의 영역

지식경제학의 영역은 지식과 정보가 서로 다른 개념이라는 생각과 밀접한 관계가 있다. 이 두 개념을 구별하지 않을 경우 학문 분야로서 지식경제학 영역은 너무 방대해질 것이다. 또 정보가 불확실하고 불완전한 상황에서 이루어지는 선택과 기대에 관한 분석도 해야 하기 때문에 더욱 두 개념을 구별할 필요가 있다. 지식을 정보와 개념적으로 구별할 경우 지식경제학의 영역은 상당히 축소된다. 그럼 먼저 이 두 개념이 어떻게 다른지 살펴보자.

지식과 정보

경제 분석에서는 오랫동안 지식과 정보를 동일시하는 경향이 있었다. 그에 따라 '지식·정보'를 다루는 특정한 접근 방식이 사용되어왔는데, 이 접근 방식에 따르면 우주는 각각의 발생 확률이 부여될 수 있는 상태들로 구성된 하나의 완결된 (그러나 거대한) 총체로 간주될 수 있고(Laffont, 1989), 지식은 이 상태들의 확률을 더 잘 추정함으로써 증진된다. 따라서 지식은 사전에 규정된 상태들 전체를 포괄하는 확률 벡터로 표현될 수 있다. 이러한 접근 방식 덕에 수많은 연구 계획이 출현하게 된 것은 사실이지만, 지식과 정보를 구별했다면 과거와 현재의 수많은 문제들을 더 잘 이해할 수도 있었을 것이라는 점에서 중대한 결함도 있다.

흔히 지식이 정보 이상의 무언가를 갖고 있다고 생각한다. 왜냐하면 지식은 그 보유자에게 지적 또는 육체적 활동 능력을 제공하기 때문이다. 예컨대 우리를 둘러싼 세상을 변화시키고 수정할 수 있는 활동(정원을 가꿀 줄 아는 것에서 교량을 건설할 줄 아는 것, 전략을 구상할 줄 아는 것에 이르기까지) 또는 새로운 지식과 정보의 생산을 가능케 하는 활동(연구와 지적 창조)처럼 말이다. 이처럼 지식은 인간에게 인지적 능력을 제공한다. 이와 달리 정보는 일군의 데이터(자료)에 지나지 않는다. 정보는 포맷되고 구조화될 수 있지만 무기력성과 비활동성이라는 특성 때문에 정보 보유자에게 어떠한 활동 능력도 제공하지 못한다.

이러한 지식과 정보의 차이는 그 재생산 조건을 고려할 때 더욱 분명해진다. 정보의 재생산 비용은 그 복제 비용(새로운 정보기술 덕분에 지금은 거의 제로가 되었다)에 지나지 않지만, 지식의 재생산에는 이보다 훨씬 더 많은 비용이 든다. 지식에서는 재생산되어야 하는 대상이 바로 '인지능력의 전달'이기 때문이다. 지식이 재생산되기 위해서는 먼저 '명시'되어야 하고 그 후 '교습'되어야 한다. 따라서 지식의 재생산을 돕는 주요 도구는 복사기가 아니라 교사와 학생 간의 관계 또는 실행 공동체다. 따라서 복사기 구입만으로 정보를 재생산할 수 있는 것에 비하면, 지식을 재생산하기 위한 인간 결사체를 구성하는 데에는 훨씬 더 많은 투자가 필요하다.

그러나 지식도 코드화될 수 있다. 예컨대 지식은 하나의 지침으로 편집되어 그 형태가 (문서 같은 형태로) 바뀌기도 하는데 그럼으로써 지식의 전달과 저장이 훨씬 용이해진다. 4장에서 다룰 내용이지만, '지식의 코드화'는 양면성을 가진 하나의 재화를 창조해낸다. 이 지식 재화는 정보와 몇 가지 속성(공공재 등)을 공유하긴 하지만, 재생산하는 데 인지적 자원의 동원이 불가피하다는 점에서 정보와 구분된다.

다른 사회과학에 비해 제국주의적 성격을 띠었던 경제학이 지식과 정보를 동일시함으로써 어떤 광활한 미지의 탐구 영역을 다른 학문들에 방기해버렸다는 사실이 놀랍지 않을 수 없다. 학습, 인지, 지적 창조 등의 주제를 다루는 이 탐구 영역이 지식기반경제를 분석하려는 이 책의 핵심이 될 것이다.♦

♦　이 책의 나머지 부분에서 '지식(connaissance)'과 '앎(savoir)'을 구별 없이 사용할 것

지식경제학의 선구자들

일반적인 지식경제학에서 최초의 근대적인 대(大) 논자로 당연히 사이먼(Herbert A. Simon), 하이에크(Friedrich Hayek), 매클럽(Fritz Machlup) 등의 학자가 꼽힌다. 그러나 이들은 모두 자신의 학문 대상을 정의할 때 한결같이 지식과 정보를 개념적으로 구별하지 않았다. 중요한 것은 지식경제학이 대단히 광활한 학문이지만, 이 논자들에게는 대체로 정보경제학의 영역에 속하는 학문으로 여겨졌다는 사실이다. 그래서 이들에게 '지식의 획득'은 특정한 경우로서 상대적으로 사소하게 다루어질 뿐이었다. 이러한 정보경제학에서 최근에 가장 잘 알려진 인물로는 스티글리츠(Stiglitz, 2002)가 있다. 한편 매클럽(Machlup, 1984)은 연구, 교육, 지적 재산권 등의 문제를 다루었다는 점에서 뚜렷한 예외인 셈이다(Godin, 2007a).

지식경제학에 관한 좀 더 좁은 관념은 지식의 생산과 전파를 담당하는 메커니즘과 제도에 특별히 관심을 더 기울인다. 이러한 관념은 연구 개발 경제학의 개척자인 애로우(Arrow, 1962a)와 넬슨(Nelson, 1959)에게서도 찾아볼 수 있다. 왜냐하면 이들은 과학적 · 기술적 지식의 공식적인 생산 활동에 대한 자원 배분이라는 지식경제학 특유의 문제에

이다. 원래 프랑스어에서 이 두 단어는 약간의 의미 차이를 보이는데, 지식이 좀 더 구체적인 것이라면 앎은 상대적으로 일반적인 의미를 갖는다. 이 책에서는 두 단어가 동시에 나타나는 경우를 제외하고는 '앎'을 모두 '지식'으로 번역했다. ― 옮긴이

근대 경제학적 분석 도구를 적용한 최초의 논자들이기 때문이다. 더욱이 애로우의 작업은 지식경제학의 형성과 관련해 탁월한 기여를 했는데, 그가 같은 해에 발표한 두 개의 논문(Arrow, 1962a, 1962b)이 각각 지식 생산의 핵심적인 두 가지 방식인 연구 개발과 실행학습을 다루었기 때문이다(3장 참조). 이리하여 1960년대부터 좁은 의미의 지식경제학에 대형 교육기관과 연구 기관에 의해 수행되는 지식의 생산 및 획득이라는 공식적인 방식뿐만 아니라 재화와 서비스의 생산과 사용이라는 '규칙적인' 활동 속에서 지식이 생산되고 동원되는 상황을 묘사하는 학습 과정이라는 광활한 영역이 포함되게 되었다.

우리는 지식과 정보를 구별하기 위해 엄격한 의미의 '지식'(인간에게 활동 능력을 부여하는 것)에 특별한 관심을 기울이는 한편, 정보경제학과 의사결정 이론 영역은 일단 제쳐놓을 것이다. 하지만 사실상 우리가 탐구하려는 영역(연구에서 학습 과정까지, 지식의 외부 효과에서 혁신 활동의 조정 관련 문제까지, 그리고 코드화된 지식에서 암묵적 지식까지)은 광활하면서도 거의 탐험되지 않은 수많은 영토로 구성되어 있다.

2. 지식경제학의 대상

먼저 지식이 경제재로서 갖는 특별한 속성에 관한 분석부터 살펴볼 것이다. 이후 지식의 생산과 분배 영역에서 자원 배분 메커니즘으로, 그리고 좀 더 일반적으로 지식의 효율적인 생산과 사용을 가능케 하는 사회경제적 제도에 관한 규범적인 분석으로 나아갈 것이다.

지식이 경제재로서 갖는 속성

지식이 경제재로서 어떠한 속성들을 갖는지는 이 책 전체에 걸쳐 살펴볼 것이므로 여기서는 지식이 그것을 생산하는 주체도 통제하고 점유하기 쉽지 않은 재화라는 점만 강조해두려 한다(Mansfield, 1995). 더욱이 지식은 그 소비 측면에서 볼 때 비경합성을 갖는 재화다(Romer, 1993). 샌드위치나 신발과는 정반대로 지식은 아무리 사용해도 손상되지 않는다. 지식은 한 사람이 무한히 반복해서 사용할 수도 있고 엄청나게 많은 사람들이 동시에 사용할 수도 있다. 그렇게 사용해도 본래 실체에는 어떠한 변화도 야기되지 않는다. 누군가 그것을 추가 사용할 때마다 사본을 추가로 생산할 필요가 없기 때문에 추가 사용 비용도 들지 않는다. 이 때문에 (통상적인 상품의 경우처럼 - 옮긴이) 한계비용 곡선이 원점에서 볼 때 볼록한 형태를 띠지 않으며 사용 규모가 증가함에 따라 한계비용이 무한히 감소하는 극단적인 형태가 나타난다. 방금 언급한 두 가지 속성을 동시에 고려하면 지식은 경제학자들이 말하는 이른바 순수 공공재(pure public goods)에 해당되므로 '최적 사용'의 문제가 제기될 수 있다. 이는 달리 말해 어떤 상품이 무한히 사용될 가능성과 그 생산자에게 유통에 대한 통제 수단을 부여할 필요가 있는지를 어떻게 조화시키는가의 문제다. 이 문제는 다시 지식을 효율적으로 생산하고 분배한다는 사회경제적 제도의 본질과 그 구축의 문제로 귀착된다. 지적 재산권이라는 제도 덕분에 지식이라는 상품에 대해서도 시장 제도를 활용할 수 있게 되었지만 그렇다고 시장이 반드시 최선의 분배 결과를 가져다주는 것은 아니다. 이것이 바로 지식경제학이 다루어야 할 첫 번째 (대단히 거창한) 대상이다.

새로운 지식, 특히 혁신과 직접 연계된 지식을 사유화하려는 움직임이 활발하게 진행 중임(7장 참조)에도 불구하고, 대부분의 지식은 여전히 공유재(common goods)에 속하기 때문에 자유롭게 지식에 접근해 제한 없이 사용할 수 있다. 공유재 지식이 이른바 '공유재의 비극'이라고 불리는 고전적인 문제를 야기하는 것은 아니다. 공유재의 비극은 접근 및 활용과 관련된 규칙이 부재해 발생하는 고갈, 파괴 또는 혼잡 등의 문제로 위협받는 자연자원(동물군, 식물군, 광산, 재생 불능 에너지, 영토)의 경우에만 나타나기 때문에, 지식은 남용에 따른 고갈의 문제에서 자유롭다. 지식은 고갈은커녕 오히려 그것을 사용하는 엔지니어, 과학자 또는 실행자의 수가 늘어날수록 더욱 풍부해지고 질적으로 개선된다. "적당한 울타리가 좋은 이웃을 만든다"라는 격언은 대중적인 상식이지만, 지식의 경우에는 해당되지 않는 말이다. 예컨대 두 명의 농부가 인접한 경작지를 서로 나누어 가지고 있거나, 금광 탐색자들이 인접한 광산을 같이 채굴하는 경우라면 다툼을 없게 하기 위해서 적당한 울타리를 설치하는 게 현명할 것이다. 즉, 문제의 자원이 땅같이 고갈될 수 있는 것이라면 적당한 울타리가 좋은 이웃을 만들어줄 것이다. 그러나 지식은 사료용 초지처럼 과다 소비로 인한 고갈을 우려할 필요가 없는 자원이다(David, 2002). 따라서 공유 지식 스톡을 관리하는 것은 재생 불가능하고 고갈될 수 있는 공유재를 관리하는 경우와는 아무런 관련이 없다. 지식의 경우, 오히려 접근의 극대화를 추구하는 사회적 조절 방식이 요구될 정도이기에 앞의 사례와 완전히 다르다. 이러한 특징이 지식경제학의 두 번째 탐구 대상이다.

공유 지식 스톡을 남김없이 완벽하게 활용한다고 해서 어떠한 사회적 혜택이 자동적으로 실현되는 것은 아니다. 또 어떻게든 실현된다는 보장도 없다. 지식은 망각, 분실, 가치 하락 등 여러 이유로 인해 지속적으로 유지하기 쉽지 않은 재화이며 최초 형태가 통상 국지적인 성격을 띠기 때문에 일반화되기도 어렵다. 또 암묵적인 지식이 대부분이어서 파악하거나 전달하기도 쉽지 않다. 마지막으로 지식은 분리·분산되어 있어서 파편화된 형태를 취한다는 특징도 있다(Machlup, 1984). 따라서 지식 생산 활동의 사회적 한계 수확을 증대시키기 위해서는, 다시 말해 공유 지식 스톡에 새로운 요소를 부가하는 것을 용이하게 만들고 이 스톡을 관리·유지·개발하기 위해서는 저장, 통합, 코드화, 일반화 등이 필요하다. 이것도 지식경제학의 또 다른 대상이다.

이러한 점 때문에 지식의 가치 감소 및 노후화 문제는 특수한 형태로 제기될 수 있다. 예컨대 경제학자들이 기계나 장비 같은 설비재를 대상으로 가치 감소나 노후화 문제를 다루는 데 익숙하다는 점을 감안하면, 이 문제는 그만큼 특수한 것이다. 지식을 저장하는 데 아주 미미한 비용밖에 들지 않고 보존에 기회비용이 유발되지 않기 때문에 지식이 노후화되었다고 반드시 '버려지는' 것은 아니다(이와 달리 작업장 내의 장소를 차지하는 낡은 기계는 폐기 처리된다). 그러나 오래된 지식이 저장될 수 있다 하더라도 그것을 다시 찾아내 사용하기는 쉬운 일이 아니다. 지식의 노후화 비율이 증가하고 '탈(脫)발명'(발명할 줄 알았으나 망각하는 것)의 위험이 증가되고 있기 때문에 앞선 문제를 해결하는 데 자원 배분에 관한 의사 결정이 대단히 중요하다.

따라서 지식경제학의 일반적인 대상은 지식의 효율적인 생산과 분배를 용이하게 해주는 제도와 기술 및 사회적 조정에 관한 분석이다. 지식 재화의 독특한 속성 때문에 대부분의 고전적인 자원 배분 메커니즘은 효과적으로 작동하지 않을 것이다. 이 때문에 경제학자들의 주된 관심은 경제주체들이 새로운 지식에 최대한 용이하게 접근할 수 있도록 만듦과 동시에 그들이 창조적(지적 또는 실행적) 노동을 통해 창출한 수익의 상당 부분을 점유할 수 있도록 하는 제도를 고안해내는 데 있다. 사실 이 두 가지 목적은 대단히 상호 모순적이어서 두 개를 만족시키는 제도를 '디자인'하기란 쉽지 않다. 더욱이 접근과 통제라는 두 문제에 대한 해법을 도출할 수 있는지는 해당 지식의 다음과 같은 기능적 성격에 따라 크게 좌우된다(Machlup, 1984; Hirshleifer, 1971).

- 지식은 소비자본과 동일시될 수 있다.
- 지식은 생산자본이 될 수 있다(왜냐하면 지식은 새로운 지식을 생산하고 혁신하는 데 투입되는 인풋이기 때문이다).
- 지식은 전략적 판단을 위한 정보가 되기도 한다(지식 보유자는 가격 구조의 변화를 예측하고 그 변화를 야기하는 요인들을 탐구한다).

3. 경험적 · 이론적 분석상의 어려움

경계를 초월하는 범주란?

경제학자들은 지식을 평가하기 위해 특정한 주체, 제도 및 부문이 지식 생산에 특화되어 있는 일종의 '편안한 세상'을 구축했다. 그런데 이러한 '세상'을 형성하는 주요 범주들을 기업 차원의 연구 개발실과 경제 차원의 '지식산업'에만 한정시키면서, 상당수 다른 활동들과 주체가 지식경제에서 배제되어버렸다.

경제학자들은 기업 차원에서의 지식 생산을 발명과 혁신에 투입되는 활동으로 규정되는 '연구 개발 기능'으로 한정시켰다. 이렇게 해서 얻을 수 있는 이점은 대단히 큰데, 예컨대 국제적 데이터와 통계적 측정치의 수집이라는 대형 프로그램들이 실행되는 것 등이다. 그러나 연구 개발 분석으로 파악할 수 있는 부분이 혁신 및 지식 생산 활동 전체로 따져볼 때 극히 작은 일부에 지나지 않는다는 것은 이미 널리 알려진 사실이다.

이와 마찬가지로 경제학자들은 경제 차원에서도 지식과 정보의 생산 및 조작 활동을 그러한 활동에 특화된 일정 부문에만 한정시킨다. 예를 들어 매클럽(Machlup, 1962)은 지식경제의 규모를 연구할 때 그것을 커뮤니케이션, 교육과 미디어, 전산, 정보 서비스 및 기타 활동 등으로 구성된 몇몇 특화 부문으로 간주했다. 이러한 통계적 분석 틀을 바탕으로 OECD 주도하에 수많은 조사가 이루어졌다. 이 조사들은 각기 방법론상에서 중요한 차이를 보이기는 하지만 정보의 생산 및 처리 활동에 특화된 부문을 사전에 규정해두고 조사를 수행한다는 점에서 그 기본 논리가 동일하다고 할 수 있다(Godin, 2007b).

이렇게 지식경제의 한 표상이 제시되고, 이 표상을 대상으로 안정된 범주와 잘 통제된 측정 도구를 기반으로 지표의 구상 및 계량화 문제가 다루어지게 되었다. 그러나 이렇게 구상된 표상 속에 지식기반경제를 구성하는 중대한 부분들은 포함되어 있지 않다는 점에서 그 대가역시 컸다.

연구 개발에서 학습 과정으로

사실 기업에서 생산되는 모든 지식을 연구라는 공식 활동의 소산으로 간주할 수는 없다. 잘 알려져 있다시피 구상 활동(이를 통해 제품과 시스템의 구축 계획이 수립된다) 분야는 지식이 자율적으로 (연구 개발에 종속되지 않는) 생산되는 중요한 장이다(Kline and Rosenberg, 1991). 그리고 이어지는 재화나 서비스의 생산 및 사용과 관련된 모든 활동은 학습을 유발하며 여기서 새로운 실행 지식이 생산된다. 이때 지식은 규칙적인 생산 활동에서 나오는 결합 또는 파생 생산물인 경우가 허다하다(3장 참조). 따라서 연구 개발에만 한정시켜서 지식 생산을 측정하게 되면 기업에서 생산되는 전체 지식 중 많은 부분을 놓치게 된다.

경제 전반에 특화된 부문들

매클럽의 접근 방식과 달리, 엘리아슨(Eliasson, 1990)은 지식 생산과 정보 처리 활동이 기술 강도가 미약한 부문을 포함해 경제활동 전반에서 국지적으로 이루어진다고 보았다. 달리 말해 경제활동에 특화된 부문이 확장되어 지식기반경제가 출현한 것이 아니라, 경제의 전반적인 모든 부문에서 지식 집약 활동이 활성화되면서 나타났다고 보았다.

관찰이 불가능한 현상들과 측정의 문제

그럼에도 불구하고 기업 차원에서 이루어지는 연구 개발 활동과 국민경제 차원에서 특화된 부문이라는 전통적인 범주들이 제공하는 이점은 적지 않다. 무엇보다 그 덕분에 지식 집약 활동을 식별할 수 있게 되었고 나아가 측정이 가능해졌기 때문이다. 이 점은 전통 방식의 정당성을 보장하는 훌륭한 근거가 되었는데, 이전에는 지식과 관련된 현상의 대부분을 관찰하기가 매우 어려웠기 때문이다. 지식을 어떻게 규정할지(27쪽의 '지식경제학의 대상' 참조)에서 어떻게 측정할지의 문제로 넘어갈 때 나타나는 주요 문제는 다음과 같다(Gault, 2006).

첫째, 대부분의 지식은 관찰이 어렵고 특히 암묵적인 성격을 띤 지식이라면 더욱 그렇다(4장 참조). 암묵적 지식의 핵심적인 특징은 특정 개인에게 체화되어 있어 따로 분리될 수 없고 그렇기에 그 자체로 관찰될 수 없다는 데 있다. 또한 암묵적 지식은 그것을 보유하고 있거나 실행하고 있는 사람에게조차 보이지 않을 수 있으며 명시되거나 코드화될 때 비로소 형태를 드러낸다는 특징이 있다. 그러나 암묵적 지식은 끊임없이 새롭게 생산되고 있으며 앞으로도 코드화되지 않을 지식이 헤아릴 수 없이 많을 것이다. 따라서 거대한 지식의 대륙은 영원히 보이지 않는 대륙으로 남을 것이다.

둘째, 지식 생산을 위한 투입(인풋)을 경제적 효과라는 산출(아웃풋)로 연결시켜줄 안정적인 모델이 없다. 예컨대 철강의 경우 다른 모든 것이 일정하다는 가정하에 철강 생산 증가분을 자동차의 생산 증가분으로 연결 지을 수 있는 공식이 있지만, 지식의 경우에는 이처럼 안정된 공식이 존재하지 않는다. 즉, 고전적인 설비재처럼 그 추가량이 경제에 미치는 영향의 정도를 예측할 만한 일정한 방법이 지식의 경우에는 없다. 또 대부분 새로운 지식이 경제에 영향을 미치는 정도는 기업 정신이나 경쟁 상황, 특정 사회에서 특정 시점에 작동하는 사회적 조직화 등에 달려 있다. 14세기 이래 중국에서 중대한 발견들이 이루어졌는데도 불구하고 중국이 한동안 경제적 정체를 보인 것은, 이러한 '안정된 공식'의 부재를 증명한 것이라 할 수 있다(Quah, 1999). 다시 말해, 지식의 한 단위가 추가될 때마다 그것이 경제에 미칠 효과를 개략적으로나마 예측할 수 있는 생산함수가 아직 없다.

셋째, 물적 자본의 스톡을 측정하는 것은 원래부터 대단히 어려운 일이지만 지식의 경우에는 거의 불가능하다. 지식에 적용할 때는 다음 세 가지 문제를 생각해봐야 한다. 첫째, 지식 스톡의 구성을 어떻게 정의할 수 있으며 인지적·실행적·정신적 지식(앎)을 포함한 광활한 영역에서 어떤 것을 포함시키고 어떤 것을 배제해야 할지의 문제다. 예컨대 그 가치가 영속적이고 유의미한 지식일 때, 또는 대다수에게 중요한 지식이거나 소수의 사람에게 매우 중요한 지식일 때 포함시켜야 할지 등의 문제다. 둘째, 특정 사회 전체에(또는 그 사회의 특정 집단에) 고유한 지식 스톡을 측정할 때 합산이라는 중요한 문제가 제기되는데, 이는 유형재 경제에서는 있을 수 없는 문제다. 이 문제는 이미 앞에서 지적한 바 있는 사용상의 비경합성이라는 지식의 속성에서 기인한다. 셋째, 지식 스톡을 측정할 때 지식 요소들 자체를 기준으로 해야 할지 아니면 지식 요소들을 이용할 만한 사람의 수를 기준으로 해야 할지 등이다.

'지식, 그 자체를 관찰하거나 측정하기 어렵다면 지식 관련 거래를 측정하면 되지 않을까?'(이 방식은 명료한 산출 단위가 존재하지 않는 부문들에서 공통적으로 사용되고 있다)라고 생각할 수도 있다. 하지만 애석하게도 시장 제도에서 지식의 가격을 설정할 때 다음과 같은 적지 않은 난제에 부딪히게 된다.

- 판매자는 어떤 지식을 양도하더라도 그것을 자신에게서 완전히 떼어버릴 수 없다. 왜냐하면 지식은 일단 수중에 들어오면 영구적으로 획득된 것이 되기 때문이다.
- 일단 구매자가 되면 동일한 지식을 반복 사용할 때마다 새로 구매할 필요가 없다(사용상의 비경합성 또는 비소진성).
- 지식을 실제로 구매하지 않고 그 획득 가능성만으로 평가하는 것은 불가능하다.

이러한 이유들로 인해 지식은 거래될 때마다 가격이 크게 변할 수 있다. 하지만 지식의 거의 대부분은 화폐 거래의 대상이 되지 않는데, 대부분 상품으로서 어떠한 가치도 부여받지 못한 채 기업이나 여타 조직, 실행 공동체 등의 내부에 축적되기 때문이다. 지식경제를 계량화하려는 초기 시도들이 국민회계와 성장회계 분야에서 주로 이루어져 왔다. 그러나 오늘날 가장 효과적이고 합리적으로 보이는 측정 전략은 바로 지식의 생산 및 사용 시스템과 관련된 요소들을 명료하게 반영할 수 있는 지표의 수를 늘리는 것이다(Jaffe, 1999; OECD, 2007a; Foray, 2007). 이 지표들은 목표 대상인 개념과 어떤 식으로든 연관이 있다고 간주되는 '관찰 가능한 요소들'이다. 따라서 지표들은 목표 대상인 개념을 일정한 오차범위 내에서 측정한 근사치일 수도 있고(예컨대 혁신용 특허, 또는 지식 생산 활동들을 위한 연구 개발비), 검토 대상인 개념과 상관관계가 있다고 여겨지는 경제적 변수(예컨대 혁신을 위한 생산성)일 수도 있다. 하지만 카터(Carter, 1996)의 적절한 표현처럼 이 지표들은 빙산의 일각만 드러내줄 뿐이다. 경제학자들도 이 사실을 알기에, 항상 어느 정도의 믿음만 갖고 이 지표들을 사용하고 해석한다.

지식경제의 모형화

내생적 성장 모형 덕분에 지식기반경제에 특징적인 몇 가지 현상을 모형화하는 데 상당한 진전이 이루어질 수 있었다(Aghion and Howitt, 1998). 이러한 모형화는 대개 노동생산성의 향상과 '밀접한 관계가 있는' 원천들을 내생 변수로 만드는 데 그 목적이 있다. 이 목적을 위해서는 특히 지식의 증가 현상이 포함되어야 하며 자본 형성과 연계된 한계수확 체감이라는 제약에서 해방되어야 한다.

지식기반경제의 이러한 표상에서 연구 개발 투자와 그로 인해 창출되는 수익의 사적 점유 능력은 핵심 사안이다. 불완전경쟁 시장 모형 덕분에 (지식 생산과 연계된) 수확체증(3장 참조)이라는 가정하에서 시장 균형을 얻어낼 수 있었다. 또한 이 모형들은 창조적 파괴(낡은 기술의 가치 감소)와 연구·교육의 외부 효과도 포착해냈으며 새로운 설비 투자율이 성장률의 규칙성에 악영향을 준다고 파악했다. 이렇게 해서 상당한 이론적 쇄신이 이루어질 수 있었고 경제성장에서 지식이 수행하는 역할과 특징이 더 잘 설명될 수 있게 되었다. 하지만 이론적으로 해명되어야 할 부분이 여전히 많이 남아 있기에, 훨씬 더 만족스러운 모형을 구상하는 데에는 어려움이 있다(Abramowitz, 1989; Nelson, 2005; Stiglitz, 1994). 그럼에도 이 영역에서 이루어진 최근까지의 작업들(Aghion and Howitt, 2005)은 조만간 새로운 이론적 진전이 이루어질 것이라는 기대를 갖게 한다.

2장
■■■

지식경제는 어떻게 발전하는가?

지식기반경제라는 개념을 경제성장 과정과 경제 조직 방식상에 나타난 일종의 '단절'이라는 의미로 파악하려는 사람들이 있다. 그러나 이러한 생각은 확실히 반론을 받을 수 있다. 사실 경제발전의 중심에는 언제나 지식이 있었고, 『지식의 장소(Lieux de savoir)』(Jacob, 2007)라는 아주 아름다운 제목의 한 저서도 앎과 지식이 인류 역사의 모든 시점에 편재해왔다는 사실을 증언한 바 있다. 게다가 신(新)경제론자들의 예언과는 정반대로 거시경제의 작동에서 어떠한 중대한 변화도 일어나지 않았다는 사실 역시 지적할 만하다.

따라서 '지식기반경제'라는 용어는 급격한 불연속성이 아니라 오히려 점진적이고 완만한 변화를 표현한 것이라고 볼 수 있다(David and Foray, 2002).

이 장은 지식기반경제가 선진사회에 등장하기 근 한 세기 전부터 '지식 투자', 그리고 좀 더 일반적으로 '무형자본'에 배분되는 자원의 비중이 중단 없이 완만하게 증가되어왔다는 점에서, 지식기반경제가 이미 준비되어왔다고 가정한다. 중대한 기술적 충격(컴퓨터와 전산 네트워크)에 의해 지식기반경제의 출현이 촉진되었고 혁신이라는 시대적 과제에 의해 몇몇 부문에서 지식 집약 활동이 더욱 증대될 수밖에 없었다. 이 장에서는 이렇게 형성된 부문들이 오늘날의 지식경제 범위를 설정했음을 보여줄 것이다.

1. 지식 투자의 장기적 증대 경향

무형자본의 비중 증가

경제성장의 역사에서 20세기 동안 명백해진 첫 번째 특징은 국내총생산(GDP) 중 무형자본에 기인하는 것으로 간주되는 부분의 비중이 상대적으로 증가했다는 점이다(Abramovitz and David, 2001). 무형자본은 통상 두 개의 범주로 나뉜다. 하나는 지식의 생산 및 전달 능력과 관련된 투자(교육, 훈련, 연구 개발)이고, 다른 하나는 인적 자본의 신체적 상태(보건)를 개선하기 위한 투자다. 미국의 경우 1960년대 말부터 무형자본(지식 창조와 인적 자본에 투자된) 스톡의 가치가 유형자본(물적 인프라와 장비, 천연자원, 제품 재고) 스톡의 가치를 능가했다.

표 2-1 미국의 국내 총실질자본 스톡

단위: 10억 달러, 기준 연도: 1987년

	1929년	1948년	1973년	1990년
유형자본(총액)	6,075	8,120	17,490	28,525
- 구조물과 장비	4,585	6,181	13,935	23,144
- 재고	268	471	1,000	1,537
- 천연자원	1,222	1,468	2,555	3,843
무형자본(총액)	3,251	5,940	17,349	32,819
- 교육 훈련	2,647	4,879	13,564	25,359
- 건강, 안전 및 이동성	567	892	2,527	5,133
- 연구 개발	37	169	1,249	2,327

자료: Kendrick(1994).

그림 2-1 1820~1996년 프랑스에서의 GDP 대비 교육비 지출

그림 2-1 1820~1996년 프랑스에서의 GDP 대비 교육비 지출

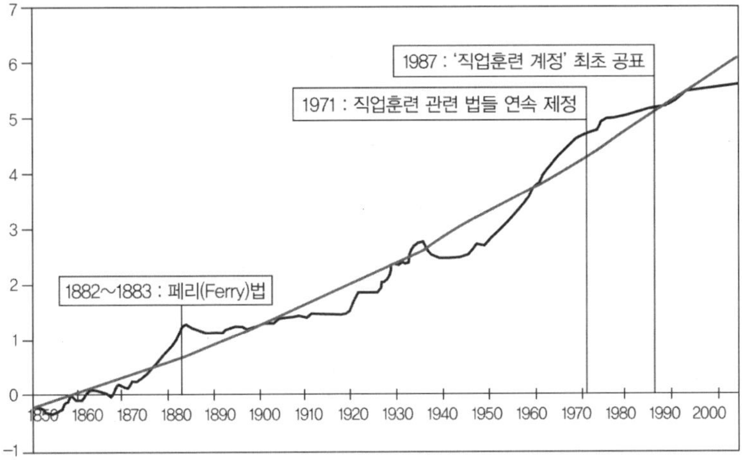

자료: Michel(2002).

미국의 경제성장에 주목했던 아브라모비츠와 데이비드(Abramovitz and David, 2001)는 기술 진보의 지향점이 바뀌었음을 증명했다. 기술 변화로 인해 20세기부터 교육과 훈련, 그리고 실천적인 지식의 형태를 띤 자본의 한계 생산성이 증가했고, 이 실천적인 지식은 연구 개발과 조직 구조(경영과 정보, 통제, 마케팅, 사용자 서비스 시스템)를 통해 획득되었다.

교육과 학습의 발전

선진국들은 선조들과 차별화된 20세기 남녀의 새로운 특징으로 글을 읽는 능력을 언급한다. ≪이코노미스트(The Economist)≫의 제목을 빌려 말하자면, 20세기는 '위대한 학습'의 시대다. 프랑스 경제발전 사

레를 다루었던 생 미셸(S. Michel, 2002)은 "지식 발전의 논리가 물적 축적의 논리를 능가하는" 경향이 존재해왔음을 명료하게 보여주었다.

즉, 현장에서 노하우를 직접 전수하던 것에서 '지적 교육'을 통해 일반 지식을 전달하는 것으로 지식 보전 방식이 이행하고 있는 셈이다. 이어서 전 생애에 걸쳐 교육을 받을 수 있는 새로운 계기들에 접근할 수 있는 가능성이 증대되면서 교육의 시대가 펼쳐지고 있다. 또한 교육은 자유시간을 활용한 '교육 · 여가'라는 독특한 형태를 띠기도 한다.

무형자본 투자의 측정

앞에서 언급한 진보들 덕분에 무형자본 투자의 측정에 관한 통계학자와 계량경제학자들의 작업이 활성화될 수 있었다. 그중 코라도와 시셸(Corrado and Sichel, 2006)은 무형자본 투자를 더욱 자세하게 측정함으로써 1950년대 이래 일정한 수준(GDP의 8~10%)에 머물러 있는 것으로 간주되어왔던 무형자본 투자 비중이, 실제로는 그보다 대폭 상승된 수준(14~18%)이었을 것으로 추정했다.

지식 관련 투자의 비율 측정 ♦♦

OECD는 각 회원국이 지식경제 분야의 발전을 위해 얼마나 노력하는지, 그 정도를 비교하고 속도를 평가하기 위한 척도를 만들려고 애써왔다. OECD가 만든 척도는 아주 단순하고 거의 다듬어지지 않은 형태였는데, 이는 회원국 전부를 포괄하는 지표를 개발하기 위해서는 어쩔 수 없는 것이었다. OECD는 연구 개발비, 교육비, 소프트웨어 개발비 등 지식 투자 관련 척도들을 결합한 하나의 지수를 만들었는데, 〈그림 2-2〉는 이 지수의 가장 최근 수치들을 보여주는 것이다.

그림 2-2   지식 투자

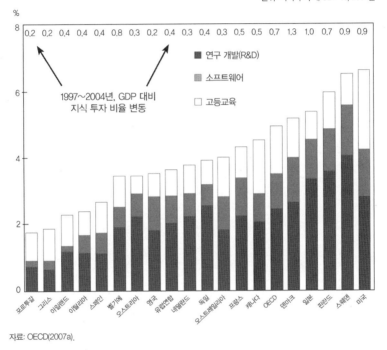

단위: 지식 투자 대 GDP %, 2004년

자료: OECD(2007a).

지식 집약 활동의 연속적인 확장

앞서 묘사된 경향들은 선진 경제국들의 지식 집약 활동이 확장되는 현상을 통해서도 드러난다. 앞서 언급한 매클럽(Machlup, 1962)의 방법(정보의 생산과 처리에 특화된 부문이라는 정의)을 사용해 살펴보니, 미국의 경우 지식 집약 활동 부문이 끊임없이 확장되어 GNP에 대한 기여도가 1958년의 29%에서 1980년의 34%로 증가했음을 알 수 있었다. 이러한 통계적 틀을 사용해 정기적으로 시행된 연구들을 통하여 모든 OECD 회원국에서 지식 집약 활동 부문이 규칙적으로 확장되어왔다는 사실이 밝혀졌다(Porat and Rubin, 1977; Rubin and Huber, 1984). 이 지식 집약 활동 부문의 대 GNP 기여도는 1985년경 모든 OECD 회원국들에서 50%가 넘었다.

이러한 분석 틀을 사용하지 않더라도 '지식 집약 활동이 경제 전체로 확장됨을 확인할 수 있지 않을까'라는 의문이 생긴다. 한 예로 지식 집약도가 높은 고용이 증가되는 현상을 눈여겨볼 수 있다. 지식 집약도가 높은 고용과 지식 집약도가 낮은 고용 사이에 교육 수준 격차와 임금 격차가 점차 확대되는 현상을 통해서도 지식 집약 활동의 중요성이 커지고 있음을 파악할 수 있다(Powell and Snellman, 2004).

2. 정보통신기술의 출현

여러 세기에 걸쳐 지식 산업에 대한 투자가 급증하는 상황에 직면해, 정보통신 신기술의 급속한 부상을 독특한 역사적 충격으로 여기면서도 이로 인해 강력한 불연속성이 초래되었다고 보는 시각은 매우 흥미룹다. 하지만 이러한 시도는 올바르지 않다. 이러한 시각보다는 오히려 정보통신기술 분야에서 혁신이 지속적으로 강화되어왔고 여러 사건들이 있었지만 기술과 제도 간의 공진화가 이루어져왔다고 보는 시각이 더 적합하다.

정보통신기술은 지식기반경제에 알맞은 기술적 기반을 가져다주었으며, 지식 집약 활동의 증가와 새로운 정보기술의 확산이 상호 강화되고 발달되었다. 특히 정보통신기술로 경제주체들에게 전례 없던 새로운 '지식 도구'가 제공되었다는 점에서, 정보통신기술이 지식기반경제 발전의 중심을 차지한다고 해도 과언이 아니다.

정보통신기술: 중요한 '지식 도구'

정보기술이 지식의 생산과 확산에 미치는 영향은 여러 유형으로 구분될 수 있다.

첫째, 매우 혁명적일 수 있는 풍부한 잠재적 정보들을 창조해낸다. 아득한 태고 시대까지 거슬러 올라가지 않더라도 인간이 '지식의 도구'를 구비한다는 것이 얼마나 어려운 일인지 상기할 필요가 있다. 11세기의 위대한 지식인이었던 교황 실베스테르 2세(Gerbert d'Aurillac)의 서재에 꼽혀 있던 책은 고작해야 20권이 넘지 않았다. 또한 교회나 수도원 같은 몇몇 특권을 가진 공간이나 장소를 제외하고, 그 당시에는 뒤비(G. Duby)의 표현처럼 "지식의 도구를 쉴 새 없이 추적하는 것"이 많은 점에서 엄청난 고난의 과정이었다. 우리 시대의 가까운 한 예에 비춰보면, 어느 학생이 전공과목 리포트를 작성하기 위해 수행하는 피곤하기 짝이 없는 작업들을 생각해볼 수 있다. 리포트에 가장 최신의 정보를 담아야 한다는 교수의 지침에 따르기 위해, 학생들이 거의 극복 불가능해 보이는 곤란한 상황에 처하게 되는 걸 생각해볼 수 있다. 말하자면 이러한 장구한 진화 과정이 갑자기 가속적으로 진행된 것이다. 검색엔진 분야에서처럼 여전히 많은 분야에서 수많은 진보가 계속 실현되고 있기 때문에, 인터넷의 출현이 역사의 종말을 의미하지는 않는다고 단언할 수 있다. 그럼에도 불구하고 이 분야에서 이루어진 진보와 협동적 조직 모델의 새로운 출현으로 말미암아 정보의 검색 및 획득 방식이 근본적으로 변화되었다. 역사학자 샤르티에(R. Chartier, 1994)의 작업을 보면 정보통신기술이 서적의 시대를 완전히 종식시켜버렸다는 사실을 알 수 있는데, 이것은 과거 (인쇄술을 비롯한) 다른 어떤 기술혁명도 이루어내지 못했던 일이다.

둘째, 정보통신기술 덕분에 지식의 교환과 협력에서 공간적 근접성이라는 제약이 완화되었다. 원격 학습과 교습을 통한 지식 생산과 전달이 이루어지고 있으며, 원격 체험은 물론 지리적으로 분산되어 있는 집단이나 개인 간 협력도 일상적·효과적으로 시행되고 있다(Atkins, 2005). 그러나 수많은 집단 활동이 전자 도구를 통해서만 조정되는 것은 아니다. 사무실이나 공장에 출근하는 것, 그리고 '(같은 사무실에서의) 엄격한 공동 근무'에서 나오는 긴장관계와 자발성이 중요한 경우가 아직도 많이 있기 때문이다. 정보통신기술은 그 자체로 여전히 불완전할 뿐만 아니라 어떤 유형의 메시지(예컨대 얼굴에서 읽을 수 있는 실망감이나 어떤 정보 소통 방식으로서의 제스처)를 전달하기에도 충분하지 않다. 이런 메시지들은 상호 이해와 합의 및 조정을 위해서는 매우 중요한 것들이다(Olson and Olson, 2003). 그럼에도 불구하고 정보통신기술로 인해 거리적 제약이 완화되었고 앞으로 더욱 그러하리라는 것은 명백한 사실이다. 공간적 제약의 극복이라는 특성으로 인해 정보통신기술은 집합적 행동의 기본 수단이 되고 있으며, 수많은 개인들이 '풍부한 정보를 담은 메시지'를 공유하기가 더욱 용이해지고 있다. 즉, 정보통신기술은 가상 공동체의 형성과 발전을 용이하게 만드는 데 아주 적절한 기술적 기반인 것이다.

셋째, 정보통신기술은 지식의 생산을 위한 일군의 도구로서 갈수록 그 위력이 강해지고 있다. 정보통신기술 덕분에 제품 기획자와 납품회사, 고객 간에 창조적인 상호작용이 활성화되었다. 관계된 사람 누구나 바로 접근할 수 있고 무한정 수정이 가능한 가상 대상물이 창조되면서 집단 작업과 학습이 용이해진 것이다. 다시 말해 다양한 시뮬레이션이 가능하게 되어 실험 비용이 대폭 감소되었으며 산업의 실험 활동이 혁신되었다(Thomke, 2006). 더욱이 정보통신기술은 빅 데이터 처리에 새로운 가능성을 열어주었고 그 자체로 지식의 진보를 위한 강력한 시스템이 되었다(자연과학의 영역에서만이 아니라 인문사회 및 경영학 영역에도 해당된다).

이러한 영향으로 몇몇 고용 범주가 큰 타격을 받게 되었을 뿐만 아니라 고용의 내용도 완전히 뒤바뀌게 되었는데, 특히 연구자, 교사, 학생, 언론인, 문서 담당자, 서점 주인, 문서 정리인, 건축가, 디자이너,

엔지니어, 법률가, 의사 등의 직업이 그러하다. 이 직업인들은 주로 정보와 지식을 다룬다는 공통점이 있을 뿐 아니라, 모두 완벽하게 디지털화될 수 있는 재화들(코드화된 지식, 문서, 통계 데이터, 비디오나 음악 녹음, 영화, 가상 경험 등)이라는 공통점도 있다. 이처럼 정보통신기술은 이 재화들이 완전 자동으로 거래되도록 만들었다. 이것은 인터넷만으로는 거래가 완결될 수 없는 수많은 다른 재화들과 크게 대비되는 점이다(예컨대 감자를 운반하려면 트럭과 운전사가 필수적이다).

이처럼 정보통신기술로 직접적인 타격을 받는 직업들 외에도 지식의 생산, 전달, 사용 및 보존과 덜 직접적으로 연계된 직업 범주들에도 정보통신기술이 확산되었다. 그 확산의 정도는 정보통신기술의 발전 수준, 그리고 해당 부문에서 실현된 지식과 무형자본에 대한 투자 크기에 달려 있다. 예컨대 감자를 배송하는 것도 정보통신기술에 의해 혁신되기도 하는데, 감자 배송 차량에 컴퓨터 장착 계기판을 달아 운전이라는 활동의 생산성을 크게 증대시키는 것 등이 그러하다.

정보통신기술과 그 생산성

정보통신기술의 확산에도 불구하고 생산성 향상이 정체되는 현상에 대해 경제학자들은 '생산성 역설(productivity paradox)'이라고 명명했다. 여러 경제학자들이 이 문제에 오랫동안(대체로 1965~1990년에) 관심을 기울여왔는데(Cette, 2007), 그중 솔로(R. Solow)는 이 문제를 "도처에 컴퓨터를 볼 수 있지만 생산성 통계에서만 보이지 않는다"라고 표현하기도 했다. 이 말을 쉽게 풀이하면 (이윤 추구를 목적으로 하는 조직을 포함해) 수많은 조직들이 장기간에 걸쳐 특정 재화(즉, 컴퓨터 — 옮긴이)에 투자해왔지만 그들의 생산성이 가시적으로 향상되지 않고 있다는 것이다.

이러한 생산성 역설이 '부정확한 측정'에서 기인한 것이라고 보는 가설(서비스 분야의 생산성 측정이나 정보통신기술로 창조된 재화의 질적 향상 평가가 어렵기 때문에, 생산성 이득이 과소평가되었다는 주장)을 비롯해 이 문제를 다룬 여러 분석들을 살펴보면 다음과 같은 관점들로 구별할 수 있다. 이 관점들은 서로 다른 점은 있지만 상호 배제적인 것은 아니다. 각 관점의 특징은 다음과 같다.

먼저 조직 간의 상보성(相補性)을 강조하는 경영 관점은 이러한 상보성이 실효성을 발휘하는 데 오랜 시간이 걸린다는 점을 강조한다 (Foray and Mairesse, 1998의 학제 간 저작을 참조하라). 또 계량경제적 연구와 사례 탐구들은 조직 형태와 여타 무형자산이 정보통신기술의 생산성 향상 기여도를 증가시키는 데 핵심 역할을 했음을 보여주었다 (Brynjolfsson and Hitt, 2005).

반면 경제사학적 관점은 새로운 기술 패러다임이 정착하는 데 시간이 필요하다는 점에 주목한다. 데이비드(David, 1990)는 이제는 잘 알려진 '발전기와 컴퓨터' 간의 유사성을 활용해 기술 이행의 막중함을 강조한다. 즉, 새로운 기술 체제에 사회적 · 경제적 능력이나 제도 및 인적 자본이 적응하는 데 일정한 조정 기간이 소요된다는 것이다. 기술의 확산과 개선 사이에 긍정적인 피드백을 유발하는 중요한 연쇄고

리들을 통합시킨 데이비드의 모델은 생산성 역설 문제를 이해할 수 있게 해주는 핵심 열쇠로서 '역사적 시간과 관성'을 강조했다. 정보통신기술의 확산 과정을 여러 기간으로 나누어 각 기간의 생산성 데이터를 분석한 데이비드와 아브라모비츠(David and Abramovitz, 2001)는 "실망하기에는 너무 이르다"라고 반복해 말한다.

끝으로 정보통신기술에 의해 야기되는 영구적인 혁명과 끊임없는 교란의 측면에 방점을 찍는 관점도 있다. 앞서 인용된 솔로의 표현을 변형시켜 말하자면, 도처에 컴퓨터들은 보여도 모두 다른 컴퓨터인 셈이다. 즉, 현실에서 전개되는 기술의 전반적인 확산 과정에 수많은 혁명적인 변화가 숨어 있기에 잠재된 생산성 이득을 실현해줄 기술적 · 조직적 기반이 끊임없이 약화된다는 것이다.

범용 기술의 역동성

결국 생산성 역설에 관한 이처럼 서로 다른 설명이나 분석은 모두 범용(일반적 용도를 가진) 기술로 간주되는 정보통신기술의 근본 속성들로 환원된다. 범용 기술의 특징은 연속해서 이루어지는 발명의 강력한 역동성과 이러한 발명의 폭넓은 응용 가능성, 그리고 기술 '생산' 부문과 새로운 응용 기술을 '공동 발명 · 개발'하기 위해 이미 생산된 기술을 '사용'하는 부문 간에 발생하는 혁신의 강한 보완성 등이다. 범용 기술의 발명으로 경제 전체에 도움이 될 만한 발명의 경계가 확장된다면, 응용 기술 개발로는 특정 부문의 생산함수에 변화를 줄 수 있다.

이 보완성에서부터 막대한 동태적 외부 효과가 창출된다. 예컨대 발명의 역동성은 응용 기술의 공동 발명을 자극하며, 이는 역으로 주요 발명 활동의 사적·사회적 수익을 증대시킨다(Bresnahan, 2003).

혁신 과정을 활성화시키는 다른 외부 효과도 있다. 예컨대 최초의 공동 발명가와 그 뒤를 잇는 후속 개발자를 연결시켜주는 외부 효과는 새로운 응용 기술 개발 비용을 감소시킨다. 상황이 좋을 경우 막대한 연구·혁신 투자로 구성되는 장기적인 역동성이 비약적으로 전개되고, 이 투자의 사적·사회적 한계 수익률이 높은 수준에 도달할 것이다. 그러나 이러한 외부 효과들로 인해 생산 부문과 사용 부문 간, 그리고 사용 부문 내의 혁신자와 추종자 간에 커다란 간극이 나타나며 이 간극으로 생산성 향상이 억제되기도 한다. 따라서 생산성 역설은 하나의 역사적 현상이라고 할 수 있으며, 이는 잠재적 외부 효과가 실현되는 데 필요한 시간에 조응하는 세 개의 소시기(小時期)로 나눌 수 있다.

- 첫 번째 소시기는 생산성 이득을 인식조차 할 수 없는 이른바 솔로(Solow)의 시기다(1995년 이전).
- 이어지는 소시기(2000년까지)는 정보통신기술(특히 컴퓨터)의 생산 부문에서만 생산성 이득이 실현되고, 이 부문 홀로 경제 전체의 성과를 증대시키는 시기다. 따라서 이 소시기(신경제의 시기)에는 경제의 대부분이 아직 (본래의 의미로도 비유적 의미로도) '연결되어 있지 않은 상태다'(Gordon, 2000).

- 끝으로 2000년 이후의 소시기는 정보통신기술을 대규모로 사용하는 거의 모든 부문들(대량 배송, 상업, 금융 서비스 등)에서 생산성 이득이 실현되는 시기다. 일단 중요한 '공동 발명'이 이루어지면 기술 생산 부문에서 이루어지는 발명의 수익성도 증가된다 (Bresnahan, 2003).

3. 새로운 경쟁 규칙으로서의 혁신

앞서 언급한 서로 다른 과정들(지식 투자 증대와 정보통신기술의 발전) 이 만나 지식의 생산과 기술 지식의 노후화가 가속화된다. 그러나 이러한 일은 특정 맥락하에서만 발생하며, 특히 새로운 경쟁 조건으로 인해 혁신이 중심을 차지하게 된 부문들에서 일어난다. 즉, 부문에 따라 혁신이 '생사 문제'로 부각된다는 것이다(Baumol, 2002). 새로운 경쟁 구도하에서 혁신을 이루지 못한 기업은 더 이상 살아남기가 힘들어진다. 역사적으로 혁신하지 못한 기업은 항상 시장의 불완전성에 의해 창출되는 메커니즘(보호 산업, 소비자들의 불충분한 정보, 시장 봉쇄, 접근상의 용이성이 가져다주는 상대적 우위)을 활용해 생존하거나 번창할 수 있었지만, 이제는 수많은 산업에서 이 메커니즘들이 소멸되어버렸다. 달리 말해 시장에서의 지위를 유지하기 위해 이러한 메커니즘에 천착하는 것이 오히려 위험할 수 있게 된 것이다. 이제 혁신만이 유일한 성장 전략이며 기업이 산업 활동으로 이득을 얻기 위해서는 혁신을 할 수밖에 없다. 혁신자와 추종자 간에 배분되는 비대칭적인 이득 구조 또한 신속한 모방으로 인해 사라질 수 있다. 따라서 혁신이 가져다주었던 독점이 상실(특허의 법적 시효 만료, 경쟁으로 인한 혁신의 노후화 등)되고 뒤이어 다른 혁신이 이뤄지지 않는다면 파멸적인 결과가 나타날 수도 있다. 한마디로 혁신이 산업의 모든 성과를 결정하는 요체가 된 것이다. 의약 산업은 이미 오래전부터 이러한 상황에 처한 산업으로서 혁신의 중요성을 완벽하게 보여주는 사례이며, 자동차 산업과 같은 새로운 부문들도 이와 유사한 상황에 순응해가고 있다(Middler, 2007).

강성(強盛) 기업(자원을 충분히 가지고 있고 상당 부분을 혁신에 투입할 수 있는 기업)들이 치열하게 경쟁하도록 조장하는 시장구조야말로 혁신을 최대한 부추기는 요소다. 따라서 혁신의 강제력이 가장 약하게 나타나는 시장구조는 독과점 형태다. 독과점 형태하에서 소기업이나 스타트업(start-up: 모험 소기업 — 옮긴이)이 배제되지 않는 까닭은 이 기업들이 발명의 분업에서 아주 특수한 역할을 수행하기 때문이다.

중요하면서도 보완적인 또 다른 조건은 바로 혁신의 방식에서 나오며, 혁신이 경쟁 규칙으로 작용하는 부문에서 대체로 핵심 사안이다. 갈수록 혁신에 과학적 도구들이 많이 사용되고 있는데(3장 참조) 이때 명시적인 조직 전략(규모의 경제와 다양성의 경제, 내부적 파급효과, 기술 감시, 과학 연구 결과의 활용, 지식과 더 나은 실행의 관리 및 코드화, 국지적 파급효과를 활용하기 위한 연구 개발의 현지화)이 그 바탕이 된다. 또한 이 모든 것은 연구 활동의 생산성을 향상시킬 수 있다(기업 전략은 8장에서 검토할 것이다).

경쟁 구도와 연구 개발 방식은 혁신이라는 필연적인 결과를 초래하고 이에 대한 효과적인 대처 수단을 창조한다는 점에서 매우 중요한 요인이다. 의약품, 자동차, 금융 서비스 같은 생산 부문을 포괄한 부문들에서 '변화'는 주요한 활동이다(Carter, 1994). 기업들은 변화에 대비하고 그것을 관리하기 위해 조직 자본과 무형자산에 대규모 투자를 할 수밖에 없다. 이에 따라 지식 집약도가 더 큰 기구들도 설치되고 있다.

과연 오늘날 혁신이 더 많이 일어나는 것일까? ◆◆

이 질문에 답하려면 아주 상세한 접근을 해야 한다. 먼저 혁신이란 무엇인가라는 물음에 답해야 한다. 혁신이란 근본적인 새로움, 즉 '태양 아래 새로운 것'을 뜻할까? 그렇다면 이러한 근본적인 혁신만 고려의 대상이 될까? 아니면 응용 관련 혁신이나 기존 제품의 신시장 개척도 혁신에 포함시킬 수 있을까? 또는 기업이 '채택한' 새로운 것이라면 포함시켜도 될까? 이러한 물음은 혁신과 성장 간의 관계를 이해하는 데 당연히 중요할 수밖에 없다. 여기에는 다양한 혁신을 포괄하는 집계치(척도 — 옮긴이)를 만들기 어렵다는 어려움이 전제되어 있다. 그러나 기업과 종업원이 직면할 변화의 크기와 맞닥뜨릴 문제에 비하면 사소한 어려움일 뿐이다. 혁신으로 시장이 교란되고 제품의 가치가 격하되자 시장 개척이나 단순히 새로운 것을 채택하는 일 등이 부차적인 것으로 치부되었으며 혁신이 절대적인 위상을 갖게 되었다.

또한 혁신의 가속화를 척도로 삼아 혁신 관련 비용과 산출이 얼마나

증가했는지를 측정하려는 시도들이 관습적으로 있어왔다. 〈그림 2-3〉
과 〈그림 2-4〉는 관련 지표들이 장기간에 걸쳐 놀라울 정도로 증가했음
을 보여준다. 그 외에 사용 가능한 다른 관습적인 척도로는 재화 및 서
비스 등 새로운 변종의 수적 증가, 총매출에서 신제품이 차지하는 비중
의 증가 등이 있다.

총비용 대비 혁신 비용의 비율을 따져 변화의 강도를 측정하는 접근
방법도 있다. 카터(Carter, 1994)는 무형투자 비용, 교체(및 유연성) 비
용, 그리고 눈으로 확인할 수는 없지만 무경험으로 인한 비용을 구별해
야 한다고 제안했다. 그렇게 따져보니 총비용에서 이 비용들의 합이 차
지하는 비중이 모든 부문들의 평균치로 볼 때 상당히 증가했고 총비용
의 거의 90%에 달하는 부문들도 있었다. 반면 나머지 10%의 비용은 과
거 지배적이었던 과업, 즉 기존 것을 유지하는 데 할애되었다.

그림 2-3　1953~2000년 동안 미국의 실질 연구 개발비

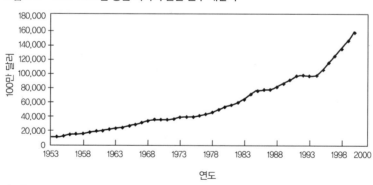

자료: Baumol(2002).

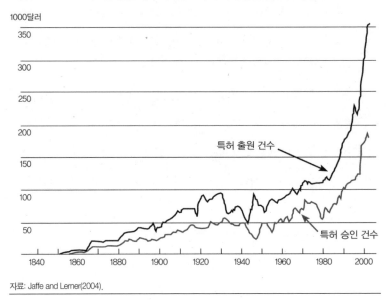

그림 2-4   1840~2000년 동안 미국 특허상표국의 특허 출원 건수 및 승인 건수

자료: Jaffe and Lerner(2004).

혁신 집약적 부문의 구조 변화

지난 20여 년간 혁신의 강도가 높은 부문들에서 엄청난 구조 변화가 일어났다(Macher and Mowery, 2008; Foray and Lhuillery, 2007). 예컨대 연구 개발 실행에서 소기업과 서비스 기업(연구 개발 과업을 수행하고 혁신에 따른 문제를 해결하는 데 특화되었다)의 비중이 증가하고 대기업의 비중이 상대적으로 감소한 것은 이 부문들에서 수직적 전문화(동일 생산 계열 내 상류와 하류 간, 예컨대 부품 생산 전문 중소기업과 완성품 조립 전문 대기업 간의 전문화를 말한다 — 옮긴이)가 증대된 현상과 무관하지 않다. 이렇게 최종 생산물 생산 계열의 최상류에 새로운 전문직

종의 과업들이 나타나게 되었다.

두 개의 거대 중심축(공공 연구의 영역과 수직적으로 통합된 대기업)을 중심으로 구성된 상대적으로 단순한 혁신 모델에서, 대단히 전문화된 기능을 담보하거나 새로운 상업적 중개 거래를 수행하기 위해 수많은 새로운 행위자들이 개입하는 훨씬 더 복잡한 혁신 모델로 이행되고 있다. 예컨대 생명공학 분야에서 검색 도구를 구상한 후 이를 대형 제약회사들에 라이선스로 양도하는 수천 개에 달하는 소기업들의 경우가 그러하다(Cockburn, 2008). 이 논리에 따르면 이처럼 수직적 통합이 해체된 새로운 구조에서는 특허와 라이선스가 핵심적인 조정 메커니즘이 되며 기업 간 기술 제휴가 상당히 증가한다. 새로운 경제적 부문들에서 유난히 뚜렷하게 나타나는 이러한 서로 다른 구조적 변화들은 그 전체를 한꺼번에 고찰할 때 진정한 의미를 드러낸다. 이러한 구조적 변화들로부터 연구 개발과 혁신 활동의 수행 및 조정과 관련해 시장 관계의 역할이 갈수록 중요해지고 있다는 새로운 논리가 도출된다. 이 책의 8장에서 이렇게 해서 형성된 새로운 산업구조의 효율성이 지식 및 기술 시장의 효율성이라는 근본적인 문제로 이어진다는 점을 고찰할 것이다. 이 시장만큼 많은 결함이 집중되어 있는 시장도 없을 것이다(Cockburn, 2007).

이러한 구조적 변화들(혁신 과정에서 수직적 통합의 해체, 중개 시장의 수적 증가, 상류 단계에 특허와 라이선스의 출현 등)은 1980년대 미국에서 하이테크 기업이 창설되고 이 기업들이 주도하는 경제가 강화되는 데 크게 기여했던 제도적 진화와 무관하지 않다. 이러한 제도적 진화에는 나스닥 시장 진입에 관해 새로운 규칙이 시행된 것(모험 자본의 풍부한 공급에 기여)과 대학이 연방 기관의 지원 자금으로 얻어낸 연구 결과로 특허를 취득하고 라이선스를 양도하는 것을 허용하는 법률 제정, 그리고 특허 출원 가능 영역의 확장(생명과학과 인터넷 관련 혁신을 포함하는 방향으로)을 위해 연속적으로 취해진 결정들, 끝으로 새로운 행위자의 진입을 통해 경쟁을 조장하는 반독점 조치 등이 있다. 이러한 일군의 제도적 조정이 방금 묘사된 구조적 변화를 가속화시킨 요인이라는 데 의심의 여지가 없다.

창조적 파괴와 변화의 비용

장기적인 안정기를 거쳐 변화 또는 혁신이 주된 경제활동이 되는 이행 국면이 끝날 때쯤 학습, 조정 및 적응 관련 비용이 증폭한다. 이 점과 관련해 해추얼과 웨일(Hatchuel and Weil, 1992)은 산업 지식의 은폐된 위기를 환기시켰고, 알터(Alter, 2000)는 『일상의 혁신(L'innovation ordinaire)』이라는 저작에서 행위자들이 느끼는 피로감을 거론했을 정도다. 이것은 창조적 파괴[조지프 슘페터(Joseph Schumpeter)의 용어로 새로운 것을 창조하기 위해 기존 것을 파괴하는 것, 또는 새로운 것의 창조로 낡은 것이 파괴되는 것을 의미한다. 한마디로 혁신을 말한다 – 옮긴이]의 논리가 지배적일 때 어느 정도 불가피한 대가다.

창조적 파괴에 따른 비용의 폭증으로 인해 연속적인 혁신 경제에 적합한 새로운 조정 형태들이 시행될 수밖에 없다. 즉, 이로써 관련 집단들에 의해 규범과 표준이 창조되는 것이다. 규범의 시행으로 경제주체들은 빠른 변화 속에서도 자신의 활동을 조정하고 일시적인 안정과 잠정적인 고착 상태를 유지할 수 있다. 또한 창조적 파괴는 변화가 연속적으로 일어나는 환경 속에서도 개인이 새로운 역량을 획득하도록 강요한다. 이 점을 좀 더 자세히 검토해보자.

4. 고숙련 고용의 증가

지식경제의 특징 중 하나는 바로 '고숙련 노동자의 비중 증가'이다. 〈그림 2-5〉는 총고용 대비 대졸 고용의 연간 증가율을 보여준다.

기술 편향 가설에 따르면 정보통신기술로 고숙련 노동 수요가 증가하고 비숙련 인력이 숙련 인력으로 대체되는 경향이 증대된다. 하지만 정보통신기술 투자와 고용 동태 간의 관계를 분석한 경험적 연구들이 보여주는 결과는 상대적으로 명확하지 않다. 즉, 도입된 기술의 성격과 선택된 조직 형태에 따라 비숙련 인력에 대한 효과가 상당히 다를 수 있다는 것이다[이 논쟁에 대해서는 그리넌(Greenan, 1999)의 아주 완벽한 정리를 참조하라]. 브레스나한(Bresnahan, 1999)은 서비스 정보화에 관한 연구에서 기술 편향이 완화되고 있다고 결론지었다. 즉, 무엇보다 인력 대체에 한계가 있고(인지적 내용이 강한 부문에서의 고용은 줄어들지 않고 있다), 숙련이 거의 필요 없는 새로운 고용(데이터 노동자)이 나타나고 있으며 조직상의 보완성 효과(정보통신기술은 검색 도구로 데

그림 2-5 고등교육 학위 보유자의 고용 증가율

단위: 1998~2004년 연간 증가율

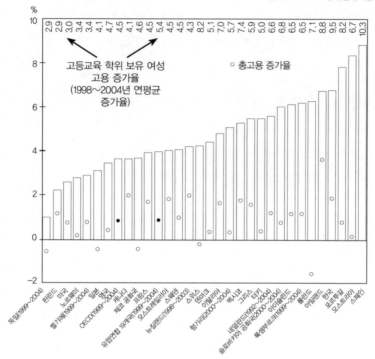

자료: OECD(2007b: 49).

이터베이스를 활용하는 것처럼 관리자에게 새로운 기능을 만들어준다)도 존재한다는 것이다.

따라서 고숙련 고용의 증가는 단순히 정보통신기술의 확산이 아니라 훨씬 더 광범위한 어떤 변동에 기인한 것으로 간주되어야 한다. 따라서 중시되어야 할 것은 지식기반경제의 출현 그 자체이며 몇몇 부문에서 혁신율이 지속적으로 상승하는 현상은 특히 더 고려되어야 한다.

지식경제에서의 새로운 역량들

이러한 분석으로부터 정보통신기술과 연계된 새로운 기술 지식을 연마하는 것이, 지식기반경제에서 생존하고 번영하기 위해 필요한 새로운 역량들 중 일부에 지나지 않는다는 것을 알 수 있다. 그 외에 마땅히 새롭게 요청되는 여타의 핵심 역량들은 다음과 같다.

먼저 끊임없이 학습해야 한다. 지식경제의 중핵을 이루는 혁신은 기존 역량과 지식을 파괴하는 동시에 새로운 역량과 지식이 진전을 이루어야만 가능하다. 즉, 지식경제에서 학습은 끝이 없다. 어떤 기술을 소화하고 난 뒤 곧바로 다른 기술을 익혀야 한다. 변화가 끝없이 이어지기 때문에 누구든 당장 획득한 지식에 마냥 안주해 있을 수만은 없다(Enos, 1996). 따라서 특정 기술 능력만 갖추는 것보다 범용적인 학습 능력을 습득하는 것이 더 중요하다.

또한 '혁신' 활동이 특히 중요한 경제 분야에서는 혁신하고 창조하는 능력뿐만 아니라 사업 프로젝트를 시행할 줄 아는 것도 또 다른 부류에서 핵심 역량이다. 그러나 미래의 혁신 기업가를 위한 '이상적인' 교육이 어떤 것인지 정의하기는 어렵다. 기껏해야 기존 지식의 습득을 목표로 하는 프로그램과 학생들이 '틀을 뛰어넘어 생각하도록' 자극하는 프로그램 사이에 머물 뿐이다(Baumol, 2005).

마지막으로 필요한 역량은 흩어져 있는 지식을 통합하거나 동원하는 것과 관련이 있다. 이러한 '연관을 통한 창조'는 잘게 부서져 있어 결합이 필요한 지식들은 물론, 조직화되지 않은 전문가들과 같은 사람에게도 적용된다. 따라서 여러 '기관들'의 전문적인 요청을 양립 가능하게 해주는 일종의 '이중간첩' 역할을 하는 '전문적인' 능력이 갈수록 중요해지고 있다. 우리는 8장에서 외부 지식에 대한 기업의 의존도가 갈수록 커지고 있음을 알게 될 것이다. 이러한 외부 지식을 동원할 수 있다는 것은 수평적인 공동체[엔지니어 공동체(Hippel, 1988b), 프로그래머 공동체, 과학자 공동체, 사용자 집단(Hippel, 2007) 등]의 일원이 됨을 뜻한다. 수평적 지식 네트워크에 소속된 직원은 해당 기업 입장에서는 상당히 가치 있는 자산이며, 그가 네트워크의 회원으로서 지위를 유지하면서 기존의 통상적인 조직의 일원이 되는 것은 새로운 고용 형태의 출현을 암시하는 확실한 증거다.

기업의 세계: 역량 축적에 핵심적인 장

인적 자본이 풍부하다는 것은 기업이 (중등·고등교육 등 공적 교육제도를 넘어서) 학습과 훈련의 장(場)으로서 충분히 기능하고 있음을 뜻한다. 훈련의 장으로서 기업의 역할이 매우 중요한 이유 중 하나는 지식(일반적인 행동 능력을 제공한다)과 역량(예컨대 기업처럼 특수한 제약 아래 있는 극단적 맥락에서 행동하는 능력을 제공한다)을 적절히 구별하는 것과 연관된다. 학교가 '지식' 획득의 주된 장이라면 직장은 '역량' 획득의 주된 장이다. 더욱이 기업은 코드화된 지식이 아니라 암묵적인 지식의 전달이 이루어지는 가장 중요한 장이다(4장 참조). 그러나 기업이 핵심적인 훈련의 장으로 기능하는 데 방해가 되는 경제적 어려움들도 적지 않은데 이는 다음 글에서 살펴볼 수 있다(Booth and Snower, 1996).

기업이 직원 훈련과 현장학습에 투자하는 데 주저하게 만드는 주요 인은 외부성과 관련이 있다. 투자해서 얻을 수 있는 역량이 다른 기업체에도 일반적으로 쓰일 수 있는 것이고 직원의 이직율도 높다면 기업은 직원 훈련에 적극적으로 투자하지 않을 수 있다. 오히려 다른 기업이 투자한 것으로 이득을 보려 할지도 모른다. 따라서 노동경제학자들은 일반적인 인적 자본과 특정 일자리에 필요한 특수 인적 자본을 구별할 것을 제안하는데, 이러한 구분 방식은 어떤 민간 기업이 훈련 성과를 완벽하게 얻을 수 있는 훈련에만 정확한 액수의 자금을 투입할 것이라는 가정을 전제한다. 이와는 반대로 범용적인 훈련이라면 훈련을 받은 사람은 훈련의 성과를 다른 고용으로 이전하지 않는다는 것을 빌미로 임금 인상이나 일정 소득의 보장을 요구할 수도 있다. 그렇다면 이 훈련 비용은 그 혜택을 누리는 사람, 즉 피고용자가 부담해야 마땅할지도 모른다.

그러나 현실에서 훈련의 형태를 일반적인 것과 특수한 것으로 구별하기는 쉽지 않다. 경험에 기반을 두거나 특정 일자리에서 특수한 문제의 해결을 위해 시행되는 대부분의 학습 과정도 사실상 일반화될 수 있기 때문이다. 이렇게 되면 결국 일종의 긍정적 외부 효과가 창출되며, 차후 고용주들에게 그 혜택이 돌아간다. 이것은 경쟁 시장 메커니즘이 효율적인 결과를 가져다주지 않음을 뜻한다. 왜냐하면 결국 민간 기업이 과소투자를 하거나 다른 고용주의 잠재적인 무임승차를 방지하기 위해 피고용자의 이직을 제한할 가능성이 크기 때문이다.

5. 지식기반경제는 어떻게 확장되는가?

지식경제 부문 그 자체의 성장은 다음 두 가지 요인에 기반을 두고 있다. 하나는 이미 지식경제에 속해 있는 활동의 경제적 비중이 강화 또는 증가되는 것이고, 다른 하나는 지금까지 지식경제에 속하지 않았던 활동이 그 속에 새롭게 편입되는 것이다.

지식경제 부문의 성장은 결정적으로 고숙련 인력, 새로운 지식, 학술적 협력 등의 수요 증가에 적극적으로 대응할 수 있는 훈련 및 연구 시스템의 역량에 달려 있다. 이 부문의 성장과 생산성 향상을 가능케 하는 것은 다름 아닌 이러한 자원들의 적절한 공급이기 때문이다.

이러한 수요에 대한 적절한 공급을 보장하기 위해 사용되는 메커니즘으로는 다음과 같은 것들이 있다.

- 훈련 및 연구 부문의 내생적 발전.
- 외국인 인적 자본(과학 이민, 외국인 학생의 유인)과 코드화된 지식의 국제적 스톡(출판물, 기술 라이선스)의 활용.
- 재화 및 서비스 생산 부문과 과학 사이에 효과적인 인터페이스 창조(예컨대 박사 학위 준비자의 편입 및 지식 전달이라는 영역 간 이동을 용이하게 만들기 위해).

지식경제 부문의 성장은 그 자체의 혁신에도 달려 있다. 특히 혁신 활동의 생산성을 결정하는 요인은 물론, (리스크가 크고 불확실한 성격에도 불구하고) 혁신 활동에 높은 수익성을 가져다줌으로써 잠재적인 기업과 자본을 끌어들일 수 있는 경제의 수익 구조가 포함된다. 아기온(Aghion, 2006) 그리고 필리폰과 베론(Philippon and Veron, 2008)의 최근 연구는 기업과 연구 및 고등교육 기관 간의 연결, 기업 내의 연구개발, 학습 능력의 질 등의 요인 외에도 환경 요인의 중요성을 강조한다. 혁신 능력을 결정하는 간접적인 요인으로는 특수한 자금 조달 수단 획득, 경쟁력 있는 새로운 기업 활동으로의 진입 용이성, 효과적이고 값싼 지적 재산권 시스템 구비, 창조적 파괴에 수반되는 비용을 감소시킬 노동시장의 유연성, 그리고 불황 국면에서 기업들이 유동성 제약을 극복할 수 있도록 돕는 거시경제정책 등이 있다. 앞에서 지적한 것처럼 미국의 제도가 변화한 사례는 일국 차원에서 금융, 기업 간 경쟁 또는 노동시장의 조건이 혁신 능력에 얼마나 직접적인 영향을 주는지 잘 보여준다.

지식경제 부문은 이러한 내적 성장 방식 외에 새로운 활동을 수용하는 외적 방식으로도 성장하는데, 이는 6장에서 자세히 검토할 것이다.

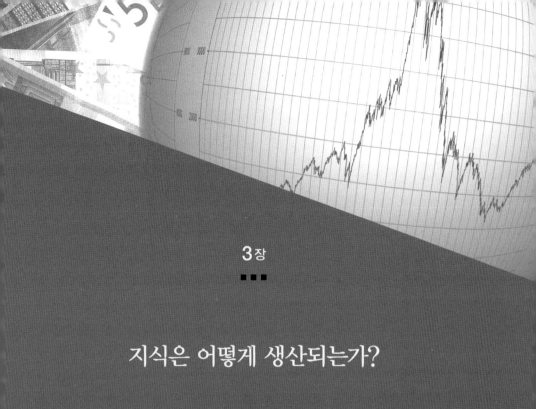

3장
■ ■ ■

지식은 어떻게 생산되는가?

지식을 생산하는 방법에는 여러 가지가 있다. 먼저 외부로부터 격리되고 보호된 장소(실험실)에서 전문가들에 의해 명시적으로 지식을 생산하는 이른바 연구 개발(R&D) 활동이 있고, 재화나 서비스의 생산 및 조달 과정 등 구석구석에서 이루어지는 지식 생산 활동이 있다. 후자의 활동은 일반적으로 실행 학습이라는 용어로 지칭될 수 있으며 일정한 조건하에서는 대단히 강력한 지식 생산 방법이 될 수도 있다.

이 두 부류의 활동 모두, 상대적으로 거의 탐구되지 않았던 영역들의 새로운 지식을 연구하거나 실행 학습의 완성을 지향한다.

지식 생산에 관한 이와 같은 첫 번째 논리와, 연구나 학습보다 오히려 통합과 조정을 지향하는 두 번째 논리를 구별할 필요가 있다. 데이터베이스의 파편화 경향 증대, 공산품과 서비스의 구조적 복잡성 심화, 시스템의 모듈성(장치를 조립할 때 각 구성 요소가 총체적 기능을 어느 정도 하는가를 나타내는 지표를 말한다 - 옮긴이) 증가 등으로 인해 '통합적인 지식'을 생산할 필요가 있게 되었다. 이러한 특정 부류에 속한 지식으로는 규범, 표준, 인프라 기술 등이 있다(Baldwin and Clark, 1997; Steinmueller, 2006a).

1. 연구: 생산 및 사용과 '거리를 두는' 활동

지식 스톡의 증가라는 의도적인 목적을 가지고 체계적인 기반 위에서 시도되는 지적 창조 작업을 지칭하기 위해 통상적으로 사용되는

'연구 개발'이라는 용어를 사용할 것이다. 대학이나 정부(이 두 주체 간의 구별은 7장에 자세하게 나와 있다)의 연구 센터와 산업협회, 또는 기업의 실험실은 전문 인력(과학자와 엔지니어)이 개별적으로나 집단적으로 연구 작업을 수행하는 주된 장소다.

이러한 곳에서 이루어지는 연구 개발 활동은 재화와 서비스의 생산이 규칙적으로 이루어지는 세계와 '거리를 두고 있다'는 것이 주요 특징이다. 스미스(Smith, 1776)는 아마도 "현자나 이론가로 불리는 사람들의 재능"이 꽃피우는 데 이러한 거리 두기가 중요함을 강조한 최초의 학자일 것이다. 스미스는 "이들의 직업은 아무것도 하지 않으면서 모든 것을 관찰하는 것이며, 그렇게 함으로써 서로 멀리 떨어져 있고 전혀 유사하지도 않은 사물들의 힘을 결합시킬 수 있다"라고 말한다. 이처럼 '거리 두기'는 사회적 분업에서 연구 활동이 차지하는 위치를 명확히 해주며 전문 연구자를 여타 지식 생산자들과 구별시킨다는 점에서 중요하다.

'거리를 두고' 이루어지는 연구 활동의 기능과 장점

로젠버그(N. Rosenberg)는 20세기의 가장 놀라운 조직 혁신이 바로 '기업의 연구 개발실'이라는 생각을 즐겨 표명하곤 했다. 1920년대에 몇몇 산업(특히 화학산업)에서 연구 개발실이 폭발적으로 개설되었고 그 후 이 증가 추세가 사그라든 적이 없었다(2장의 〈그림 2-3〉 참조). 물론 연구 자원이나 인력이 산업과 대학에 배분되는 정도는 시기에 따라

(경기 상황, 산업의 성격을 규정하는 몇몇 구조적 · 전략적 변화, 그리고 각국
의 고유한 학술적 논리에 의거해) 변할 수 있다.

'거리 두기'로 기업은 연구 활동으로 인한 방해를 받지 않는다

연구는 불확실성이 큰 활동이기에, 기업의 다른 기능들이 당연히 직
면하는 경제적 제약에 동일하게 놓이지 않을 수도 있다. 물론 연구 활
동에도 비용과 기간의 측면에서 목표는 있다. 하지만 주지하다시피 연
구 활동의 성격상, 목표를 설정하고 이를 달성할 수 있는 최선의 길을
결정하기 쉽지 않다는 근본적인 문제점이 있다. 연구는 항상 어느 정
도 무지의 상태에서 출발하며, 경영진으로서는 끊임없이 관심을 기울
여야 하는 과제이기 때문이다. 연구는 생산이나 마케팅 같은 방식으로
관리하거나 평가할 수 없다. 향후 있을 법한 실패의 반복으로부터 연
구 그 자체가 아니라 둘러싼 나머지 세계를 보호하기 위해, 연구를 할
때에는 '경제적 세계와 거리를 둘' 필요가 있다. 또한 때로는 실패했다
고 판단된 연구가 아직 탐구되지 않은 영역에 관한 값비싼 정보와 더
나은 지식을 가져다주기도 한다. 연구 활동에서 '실패의 가능성'은 사
전에 예견된 것이며, 무지의 상태가 아주 서서히 개선되는 또 다른 인
지적 세계다. 요컨대 '거리를 둔' 연구를 통해 연구의 근본적인 불확실
성에 따른 영향이 실험실 바깥으로 새어나가는 것을 방지할 수 있다.

'거리 두기'로 실험에 유리한 조건을 갖출 수 있다

연구실은 여러 가지 기능을 수행하지만 그 근본 기능은 질 높은 실

험을 전개하기 위한 가장 유리한 조건을 조성하는 데 있다. 실험은 지식 생산의 기본 방법이다. 비실험적 데이터를 생산하는 데 기반을 두거나(천문학·역사학) 실험의 비중이 아주 미미한 연구 분야(경제학·교육학)도 확실히 존재하지만, 그럼에도 실험은 근대 과학·기술에서 지식 획득을 위한 핵심 도구임에 틀림없다(Nelson, 2005; Thomke, 2006).

누구나 일상생활에서, 특히 노동할 때 유용한 지식을 만들어내기 위해 실험을 감행하는 순간이 있다. 하지만 모든 실험의 질적 수준이 동일한 것은 아니다(실험 과정의 질적 수준이 더 낮다고 규정될 수 있는 실행학습에 대해서는 나중에 살펴볼 것이다).

양질의 실험은 다음과 같은 여러 가지 능력에 기반을 둔다.

- '통상적이지 않은 상태'(예컨대 극단적인 조건)를 상정하고 그러한 경험을 수없이 반복 시행할 수 있는 능력.
- 특정한 속성을 탐구하는 데 집중하고 결과 분석을 단순화하기 위해 수많은 파라미터(parameters)를 통제하며, 대상의 단순한 버전(모형)을 이용할 줄 아는 능력.
- 생산된 데이터를 수집, 처리, 저장하는 능력. 이 능력 덕분에 실험 데이터는 상대적으로 신속하게 이용될 수 있게 된다.
- 실험 효과를 측정하고 인과적으로 추론하기 위해 실험된 대상을 실험되지 않은 동일한 대상, 즉 준거 대상과 비교할 줄 아는 능력.

그런데 이러한 능력들은 모두 '(기업의 일상적인) 세계로부터의 단절'

을 함의하고 있다는 점에서 우리가 말하는 '거리 두기'라는 개념을 상기시킨다. 예컨대 기술상·조직상 장치인 연구 개발실은 연구 활동을 외부 세계로부터 단절시키고 실험에 가장 유리한 조건을 충족하도록 해준다.

또한 실험의 질은 곧 정도의 문제라는 점에 주목할 필요가 있다. 이 런저런 능력의 통제가 불가능해서 과학 활동이 대단히 어려운 연구 분야들도 확실히 있다(6장의 연구 분야로서 교육의 경우를 생각해보라). 또한 '질적 수준이 더 낮은' 현장 실험이 있는가 하면 외부와 '완벽하게' 격리된 실험실도 있고 이 양자의 중간에 위치한 범주들도 있다. 그 중간 범주의 한 예로 유명 요리사가 집에서 요리 실험을 하는 것 등을 지칭한 '집 안에서의 시도(essai en famille)'라는 개념을 제시할 수 있다. 요리사는 레스토랑 영업시간에 새로운 요리법을 시도하지는 않겠지만 그렇다고 실험실에서 그러한 시도를 하는 것도 아니라는 점이다.

혁신에서 과학의 중요성

혁신과 관련된 연구들은 갈수록 과학적이 되고 있다. 연구는 과학적 기반에 의해 진행되고 있으며 과학에서 정보를 얻는다. 그럼으로써 실험은 더욱 체계화되었고 특정 분야에 초점을 더 잘 맞출 수 있게 되었으며 생산성도 향상되었다. 새로운 기술적 해법이 경험적으로 '자신도 모르게 또는 우연히' 도출될 때는 그 기초 원리를 정확히 밝히기가 어렵다. 따라서 이러한 기술을 바탕으로 한 발명에는 비용이 많이 들

뿐만 아니라 그것을 그대로 똑같이 재생산할 수 없다는 문제가 있었다. 과거 의약품 발명이 이러한 사례를 보여주는 가장 확실한 예다. 장구한 세월 동안 의약 분야에서는 잠재적 의약 효과를 가지고 있을 법한 어떤 분자를 찾아내기 위해 엄청난 데이터를 우연히, 그리고 맹목적으로 '혼합해'보는 일밖에는 할 수 없었다. 하지만 지금은 특정 질병에 관한 생물학적 기초 지식이 구축되어 연구 전략을 설정하거나 연구 영역을 결정하기가 훨씬 더 수월해졌다.

단 이러한 의견을 이미 널리 알려져 있는, 과학적 자극을 출발점으로 한 선형적 혁신이라는 모델을 재평가하려는 시도로 간주해서는 안 된다. 다시 말해 지식과 노하우를 빠르게 진보시키는 데 더욱 유리한 지식 시스템의 구조를 포착해내는 것이 중요하다.

2. 실행 학습

실행 학습은 생산 활동 과정에서 이루어지는 지식 생산 방식이다. 이 방식은 직접 실행함으로써(이 단계에서 발생하는 문제들을 발견함으로써) 학습 기회나 계기를 누릴 수 있다는 장점이 있는 반면, 앞에서 언급한 실험실에서의 지식 생산이 갖는 이점이 모두 사라진다는 점에서 중대한 한계도 있다. 그러나 실행 학습이 생산성 향상의 원천이 될 수 있다는 점은 되짚어봐야 할 점이다. 이때의 생산성 향상은 개별적으로 보면 대개 미미한 정도에 지나지 않지만 누적되면 대단한 의미를 가질 수도 있다. 솔로(Solow, 1997)의 관찰에 따르면 대부분의 생산성 향상은 연구 개발과 무관하다. 특히 성숙 산업*들의 생산성 제고는 주로 제품이나 생산방식의 연속적이고 일상적인 개선에서 나온다.

경험의 축적과 학습

학습 곡선(누적 학습량과 생산물, 생산성 이득 간의 함수관계를 표현한 곡선 - 옮긴이)을 결정짓는 요인에 관한 경험적 분석 작업들에서 다음과 같은 두 개의 학습 논리를 분리해낼 수 있다. 첫 단계의 학습 논리는 [호른달 효과(Horndhall effect)라고 불린다] 기술이나 조직에 어떤 '가시적인' 변화도 나타나지 않은 상태에서 주로 반복 시행이나 이와 관련된 전문성의 개발을 통해 생산성을 향상시키는 것이다. 즉, 동일한 과업을 반복 수행함으로써 그것을 더 잘 수행하는 법을 배우는 것이다. 여기서 학습은 주로 일상적인 적응을 통해 이루어진다.

두 번째 단계의 학습 논리는 좀 더 명료한 인지적 성격을 띤다. 이 논리는 재화나 서비스 생산에 몰두하면서 더 나은 실행 전략을 찾아내기 위해 (일련의) 실험을 거치는 것이다. 이러한 실험을 통해 새로운 옵

---

* 성숙 산업이란 대다수 주요 제품의 수명 주기(product life cycle)가 성숙기에 도달한 산업을 말한다. 제품 수명 주기란 제품의 태동 - 성장 - 성숙 - 쇠퇴의 사이클을 말한다. 성숙 산업의 특징으로는 제품 수요와 생산 규모의 정체, 경쟁 격화, 가격 하락 및 이익 감소 등이며, 성숙 산업이 나타나는 시장은 이른바 레드 오션(red ocean) 시장이다. - 옮긴이

선이 창조되고 잠재적인 해법이 등장하며, 그 결과 새로운 실행 전략이 선택될 수 있다. 따라서 이러한 학습은 '현장 실험'이라는 개념에 기반을 둔다. 현장 실험은 시행자에 의해 명시적으로 구상되고 조직되지만 통제가 미약하고 사용되는 수단도 변변찮다는 특징이 있다(Adler and Clark, 1991; Hippel and Tyre, 1995).

현장 실험의 중요성은 주로 작업의 성격에 따라 다르다. 예컨대 리스크가 큰 활동들의 경우 현장 실험 가능성이 과도하게 제한된다. 실험이 실패할 경우 지나치게 높은 (경제적 또는 기술적) 리스크가 동반되기 때문인데 직업으로 보면 주로 비행기 조종사, 외과의사, 철로나 항로 관리자 등이 해당된다. 이와는 반대로 수공업자나 교사는 현장 실험에 유리한 직업이다. 실험이 실패해도 파멸적인 결과가 초래되지 않기 때문이다. 따라서 이들은 상당히 자유롭게 시행착오를 거치며 실험 과정을 거칠 수 있고, 분업의 정도[테일러리즘(Taylorism)에서 자율적인 집단까지]에 따라 실험 능력이 다소 축소되거나 증대될 수 있다.

학습과 운용 성과 간의 갈등

학습은 지식 생산이 이루어지는 특정 장소뿐만 아니라 생산 현장에서도 이루어질 수 있다. 생산 현장에서는 실험의 시행 범위나 수준에 상당한 제한이 가해지겠지만, 또 다른 학습의 기회가 제공되는 것이다. 학습의 시의성 여부는 대개 학습이 '이루어지는 맥락'에 달려 있다(Tyre and Hippel, 1997). 생산 활동이 시행되는 물리적 맥락은 물론 노동자와 장비 간 또는 서비스 제공자와 고객 간의 상호작용 등으로 인해 '실험실'에서는 예견될 수 없었던 새로운 문제들이 야기되기도 하고 새로운 인지적 개발의 기회가 창조되기도 한다.

이때의 한계점이나 제약 사항은 학습이 시행되는 중에도 규칙적인 생산 활동이 보장되어야 한다는 점과 관련이 있다. "실행 학습의 경우 대개 그 실험에 대한 피드백이 극히 제한적이다. 시행자는 자신의 실험 결과를 관찰하고 기록할 때, 그리고 실험 도중에 그러한 결과가 나오도록 영향을 준 요인들을 엄밀하게 추적할 때 극히 한정된 장치만 사용한다. 이처럼 미약한 통제하에서 시행착오 과정을 거친 실험에 기반을 둔 지식은 큰 진전을 기대하기 어렵다. 특히 탐험할 만한 가치가 있다고 간주되는 현상들과 마찬가지로 시행의 횟수에 제한이 있다면 더욱 그러하다"(David, 1999a: 130).

따라서 실행 학습에 기반을 둔 경제에서는 정태적 효율성과 동태적 효과 간에 긴장이 초래되는데, 이는 정상적인 기대 성과와 학습 간의 갈등이기도 하다. 이러한 긴장 상태와 그 극복 방법은 '학습 조직'에서 핵심적인 사안이다. 특히 한 조직의 학습 잠재력을 극대화하는 것은 생산성 둔화를 일정 부분 감수한다는 것을 의미한다.

사용 학습

기술 개발자나 엔지니어가 실험실에서 미처 예견하지 못했던 문제를 사용자가 맞닥뜨리게 될 경우, 사용자는 이용 과정에서 그 해법을 찾을 수밖에 없다. 또한 차후에 개선하기 위해 시스템 개발자에게 관련 정보를 제공할 수도 있다(Rosenberg, 1982; Hippel and Tyre, 1995). 기술의 사용(및 그 환경)이 실험실에서 갖춰졌던 '표준적인' 또는 평균적인 조건에서 멀어질수록 문제는 더 많이 발생하며 이에 따라 혁신의 기회도 더욱 늘어난다.

최종 사용자 위치에 가까운 기술 사용자일수록 '사용 학습'이라는 범주에 더 큰 관심을 갖게 된다. 사실 이 경우 정태·동태 갈등이 크게 완화되는데, 예컨대 최종 사용자는 학습과 실험에 시간과 노력을 어느 정도 투입할 것인지를 자유롭게 결정할 수 있기 때문이다. 이는 사용자에게 일일, 주별 또는 월별 보고서 제출을 강요하는 매니저가 없기에 가능한 것이다. 과학적 도구를 활용하는 연구자도 대체로 동일한 상황에 놓인다(Hippel, 1988a). 최종 사용자는 활동의 통상적인 수행(예컨대 스포츠 활동)과 실험(예컨대 자신의 장비를 '마음대로 분해해보거나 달리 사용해 보는 것') 사이에서 자신이 원하는 균형을 찾는 데 좀 더 자유롭다. 한편 즐거움과 지적 호기심, 또는 실행 공동체 회원 간의 경쟁 심리 등이 강력한 학습 자극제가 되기도 한다. 그리고 이러한 자극제는 사용자가 학습에 유리한 방향으로 균형을 설정하도록 만든다.

사용자 혁신이 이루어질 수밖에 없는 두 가지 핵심 이유가 있다.

- 사용자는 공급자가 가지고 있지 않을 법한 지식을 갖고 있는데, 바로 특정한 사용법과 환경에 연관된 사용자만의 필요 및 요구에 따른 지식이다. 이 특수한 지식은 대개 명시적으로 표현하거나

전달하기 어렵다는 특징이 있다(Hippel, 1994). 또한 해법이 너무 다양해 적절한 해법을 도출하지 못하는 경우도 있다. 이때 사용자는 자신이 원하는 바를 공급자에게 설명하면서 많은 시간을 허비하기보다 스스로 해법을 구상하는 것이 더 편하다는 사실을 깨닫게 된다.

- '대중적이지 않은 분야'[예컨대 극한 스포츠(extreme sports)]의 사용자들은 원하는 장비를 시장에서 쉽게 구하지 못한다. 공급자들은 가급적 많은 이용자들이 '충분히 쓸 만한' 장비를 생산해 판매하는 데 큰 관심을 갖기 때문이다.

지난 몇십 년간 사용자 혁신의 수가 증가해온 현상을 두고 역사적인 관점에서는 '다양한 분야에서 생산자와 사용자 간의 거리가 크게 축소되는 방향으로 기술 진보가 이루어져왔다'는 데서 그 원인을 찾는다(Quah, 1999). 자동차나 항공기 산업의 경우 오래전부터 사용자가 혁신에서 배제되어온 것이 명백하지만, 전산기기 산업이나 멀티미디어 산업, 레포츠 활동 등에서는 사용자가 혁신을 이룬 사례가 많이 존재한다. 이러한 산업에서는 소비자가 최소한의 역량만 갖추면 얼마든지 혁신에 참여할 수 있기 때문이다.

이로써 근대 경제에서는 사용 학습이 혁신의 지배적인 형태가 되었다. 7장에서 더 설명하겠지만 사용 학습은 일정 분량의 노력이 사전에 결정된 연구 방향에 조응해서 이루어지도록 하는 조직 구조들과 복잡한 방식으로 연계된다. 당연히 이러한 노력은 고립된 한 사용자에 의

그림 3-1 　1980년부터 2003년까지 기술 영역에 따라 분류된 기술 제휴의 3단계

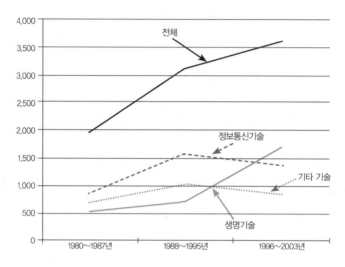

주: '기타 기술' 범주에는 첨단 소재, 우주 항공 · 방위, 자동차 · 화학 등과 같은 분야에 등재된 제휴가 포함된다.
자료: Maastricht Economic and Social Research Institute on Innovation and Technology, Cooperative Agree-ments and Technology Indicators(CATI-MERIT) database; 그래프는 스테판 륄러리(Stéphane Lhuillery)가 작성한 것이다.

해서는 획득될 수 없으며, 상대적으로 탄탄한 정보 공유 관련 규범에 기반을 둔 사용자 공동체에 의해서만 획득될 수 있다(Hippel, 2001b).

지식경제로의 이행이 갖는 중요성

　수공업 외 다른 산업 분야에서도 인지 능력을 명시적으로 활용한 학습을 발전시킬 수 있게 된 것은 그야말로 중대한 진보였다. 특히 이러한 진보는 산업구조의 변동과 연계해 지식 축적의 새로운 장이 등장함에 따라 가속화되었다(Steinmueller, 2006b). 제조 활동은 여전히 주로

일상적인 적용을 통해 이루어지는 학습 과정에 기반을 두고 있으며, 활동 도중에 의도적인 실험이 있지 않는 한 지식 창조자와 사용자는 심연을 사이에 두고 갈라져 있는 것이나 마찬가지다. 개인이 실험을 구상하고 그로부터 결론을 도출하는 것처럼 (생산 — 옮긴이) 활동이 좀 더 복잡한 형태의 학습으로 진화해갈 때 지식 생산은 훨씬 더 많은 사람들에 의해 이루어질 것이다.

지식 생산에서의 협력 증대

연구 개발과 기술 분야에서 협력과 제휴가 증가한 현상은 연구 개발 영역에서 이루어진 구조 변동 과정 중에서도 가장 최근에 나타난 특징이다.

협력을 증대시킨 요인들은 사실상 일반적인 것이지만 과거 어느 때보다도 지식경제에서 더욱 분명해졌다(Foray and Steinmueller, 2003b; Cassier and Foray, 2001).

- 연구비 분담 및 복제 최소화.
- 훨씬 더 광범위한 지식 풀(pool)을 만듦으로써 기대되는 혜택. 더욱 크게 분산될 수 있는 지식 풀 덕분에 유망한 연구 코스를 더욱 쉽게 식별할 수 있게 된다.
- 지식 생산 분업(여러 팀 간의 과업 분배)으로 기대되는 경제적 이득.

이 외에도 협력을 증대시킨 또 다른 요인으로는 통합적 지식의 중요성이 있다. 협력함으로써 모듈화된 기술과의 통합이 미약한 시스템의 불확실성을 낮출 수 있다. 이는 자동차, 항공기 및 여타 운송 기술과 같은 복잡한 시스템을 가진 부문에서 특히 중요하다. 또한 협력과 제휴는 혁신을 지향하고 수직적 통합을 해체시키는 새로운 산업구조의 출현을 동반한다는 점에서도 중요하다(2장 참조).

---

3. 지식 생산과 경제적 성과

연구를 통한 경제적 수확

연구 개발을 통해 생산방법과 생산물에서 혁신을 이루고 생산성을 향상시켜온 부문들(또는 기업들)에서는 연구 개발이 생산성 향상에 기여한다고 널리 알려져 있다. 연구 개발은 파급효과(spillover) 또는 긍정적 외부 효과를 창출하며, 이 효과는 다시 '시장' 외부 효과와 지식 외부 효과 두 가지로 구별된다(Jaffe et al., 2004). 한편 (생산 계열의 – 옮긴이) 하류에 위치한 사용자들은 (연구 개발이 창출한 – 옮긴이) 신제품을 통해 (연구 개발비만큼의 – 옮긴이) 가격 상승분보다 더 큰 이익을 누릴 수 있다('시장 경쟁'은 개선비 전부가 가격에 반영되지 않는 이유 중 하나이다). 또 연구 개발로 창출된 새로운 정보나 아이디어, 지식의 확산을 통해 동일하거나 상이한 부문의 미래 혁신자들이 새로운 '영감을 얻을' 수 있다.

연구 개발의 사적 수확과 사회적 수확

계량경제학 문헌들은 한 기업의 성공 여부를 예견하는 것이 거의 불가능하며, 기업의 성공 여부가 연구 개발 투자뿐 아니라 수많은 다른 요인에도 달려 있다는 사실을 인정한다. 하지만 기업의 연구 개발, 성장 및 수익성 간에 밀접한 관계가 있다는 사실은 이미 증명된 바 있다. 계량경제학적 기법을 사용한 수많은 사례 연구는 연구 개발이 총요소 생산성을 결정하는 중요한 요인임을 보여준다. 연구 개발의 사적 수익률은 물적 자본의 사적 수익률보다 높다. 일반적으로 연구 개발의 (감가를 반영한) 순(純)사적 수익률은 10~40%를 오가는 것으로 추정된다 (Mansfield, 1985; Griliches, 1995; Hall, 1996; Foray et al., 2008).

연구의 사회적 수익률에 대한 추정 결과들을 종합해보면 일반적으로 그 수준이 대단히 높음을 알 수 있다. 이는 간접 효과 또는 외부 효과에서 기인한 것이며 이 효과들은 지식의 속성(비경합성·비배제성·누적성) 때문에 더욱 증대된다. 사회적 수익률이 50~100%를 상회한다는 사실을 감안하면 상기의 사적 수익률이 비현실적인 것은 아니다.

연구의 사적·사회적 수익의 추정에 관한 계량경제학 문헌들을 검토한 메레스(Mairesse, 1998)는 계량경제학적 방법과 데이터의 질이 연구 결과에 대단히 민감한 영향을 끼쳤다는 점을 인정했다. 하지만 그는 "이 연구들을 개별적으로 보면 취약하거나 비판받을 점이 많다고 생각될 수도 있다. 그러나 결과들이 서로 상당히 조응한다는 것은 명백한 사실이다"라고 결론지었다.

기초연구

어떤 연구 개발을 할지를 결정하는 것은 중요하다. 기초연구를 통한 수익률이 응용 연구를 통한 수익률보다 높다는 것은 이미 알려져 있는 바다. 이제는 어떤 특정 제품을 완성시킨 것에 대한 공헌(이는 그 수익률의 과소평가로 이어질 수밖에 없다)이라는 측면에서 기초연구의 효과를 평가하는 것이 아니라, 향후 연구 개발과 관련한 의사결정에 필요한 기반이라는 정보의 측면에서 분석되고 있다. 기초연구에 투자하는 것은 마치 금광 탐지자가 광맥을 더 빨리 발견할 수 있도록 돕는 지도를 만드는 노력과 동일시될 수 있다. 응용 연구에 관한 결정(시작 영역과 중단 영역을 정하는 것)을 내릴 때 각 영역이 가져다줄 수익의 잠재적 분포에 관한 지식을 사전에 '가지고 있다면', 자원 배분의 효율성은 대폭 향상될 것이다(David et al., 1992).

지식 생산과 수확 체증

요컨대 지식 생산에는 기본적으로 수확체감의 법칙이 관철되지 않는다. 물론 수확체감의 법칙이 관철될 수 있는 특정 시점과 지적 분야가 있을 수는 있다. 일반적으로 말해서 지식 생산은 해당 지식 영역을 고갈시키는 것이 아니라 오히려 미래에 새로운 지식이 더욱 풍부해지도록 만드는 핵심 요인이다. 이 점은 지식의 누적성과 점진성(5장 참조)은 물론 기초연구와 기술 발전 간, 그리고 연구 영역 간의 다양한 상보성과 무관하지 않다(David et al., 1992). 통상 수확체감의 영역에

도달하는 때는 제도 변화로 인해 연구의 생산성 관련 문제들이 야기되는 시점이라고 결론 내릴 수 있다. 의약품 연구 분야는 이 점을 명료하게 보여주는 사례다. 즉 (이 분야에서 나타나는 - 옮긴이) 현행의 생산성 관련 문제는 생약 관련 지식의 창조와 그 사용을 관장하는 제도에 영향을 미친 구조적 변화[지적 재산권, 지식 이전 메커니즘, 제약(pharmaceutical) 연구 개발 영역으로의 자원 배분과 유인]에 기인한 것이지 생약 관련 지식 영역이 고갈되었기 때문은 아니다(Cockburn, 2006, 2008). 따라서 많은 것들이 결국 지식 생산의 (제도적) 조직화(공공 연구와 민간 연구 간의 균형, 지적 재산권과 자생적 외부 효과 간의 타협)에 달려 있다. 이 문제는 7장에서 자세히 다룰 것이다.

4. 지식 생산 방식의 다중적 변화

이 장에서 우리는 지식 생산의 성격을 규명하고 지식경제에서 더욱 중요해진 혁신과 다소간 연관되어 있는 여러 변화들을 살펴보았다. 이러한 진화는 지배적인 단일 논리에 따라 이루어지는 것이 아니며 혁신역량이 분산됨에 따라 더욱 '민주화'되고 있다. 그러나 여기에는 '세계와 거리를 둔' 전문적인 연구 실험실이 유지된다는 조건과 연구 실험실이 새로운 부문들로 파급되어가는 현상이 동반된다.

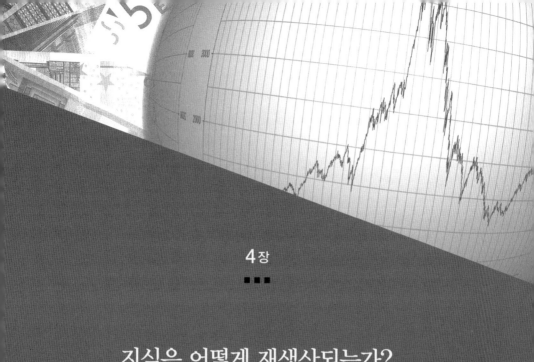

4장

■ ■ ■

지식은 어떻게 재생산되는가?

인지적 능력의 재생산이라는 측면에서 지식의 재생산은 단순한 정보의 재생산에 비해 훨씬 더 복잡하고 값비싼 활동이다. 지식의 재생산은 항상 지식의 변형을 내포한다. 지식의 재생산에 관한 문제의식은 기술 이전의 문제(Foray, 2008)뿐만 아니라 직업 역량의 이동에 관한 문제를 다룰 때에도 핵심 사안이다.

1. 암묵적 지식과 지식의 재생산 방식

전통적으로 지식은 중대한 암묵적 차원을 띤다. 이 말은 지식이 '습득', 즉 재생산에 비용이 많이 드는 활동이며 심지어는 그 재생산 자체가 어려울 수 있는 활동임을 의미한다. 폴라니(Polanyi, 1966)는 이에 대해 "우리는 우리가 말로 표현할 수 있는 것보다 더 많은 것을 알고 있다"라는 유명한 말을 남긴 바 있다. 암묵적 지식은 그 보유자의 행동이 아닌 다른 방법으로 표현되기는 어렵다. 게다가 보유자조차 자신이 그것을 보유하고 있다는 사실을 모르는 경우도 많다. 잘 알려져 있는 다음 사례를 한번 보자. 한 신문기자가 어느 럭비 선수에게 골을 넣기 위해서는 어떤 동작, 태도, 추론 등이 필요한지 물었다. 럭비 선수는 긴 설명을 끝낸 뒤 다음과 같은 말로 마무리했다. "만약 당신이 두 개의 막대 사이로 정확하게 공을 보내기 위해 해야 하는 모든 몸짓을 글로 옮기려고 한다면, 아예 그 작업을 끝내지 못하거나 아니면 아마 끝내는 데 100만 년은 족히 걸릴 거예요." 이것은 그 선수가 '아무 생각없이' 한 동작이나 당시의 주의력을 설명하도록 하기 위해, 그가 동작 방식 하나하나를 아주 세세하게 묘사하도록 강요하는 수밖에 없음을 뜻한다.

지식 재생산의 중심인 스크립트 구상

지식은 주로 스크립트(script)의 구상과 전달을 통해 재생산된다. 여기서 스크립트란 "한 배우가 특정 주제에 대해 즉흥 연기를 할 수 있도록 제공되는 규칙들과 유사한 일군의 규칙"을 말한다(Weizenbaum, 1976). 전달 대상인 지식의 성격과 이를 전달하려는 사람의 선택에 따라 스크립트는 지식을 재생산하려는 사람에게 어느 정도 '효과적인' 지침이 될 수 있다. 예컨대 스크립트의 하나로, 요리법은 그대로 따라 하기만 하면 되는 아주 효과적이고 자세한 지침이다. 이와 달리 테니스의 기초 학습 매뉴얼이나 그 전략에 관한 책은 훨씬 더 모호하고 유동적인 지침으로, 새로운 지식의 학습 도정을 그 절반조차 기술하기 어렵다.

스크립트의 구상과 전달의 주요 형태는 다음 세 가지로 구별된다.

먼저 형태 (a)는 스승과 도제 관계의 틀에서 주로 사용되는 '시현'이라는 형태다. 스승은 도제에게 전하려는 일정 수의 규칙을 몸짓과 말을 통해 알려준다(Perriault, 1993).

그다음으로 형태 (b)는 '코드화'다. 이는 스크립트를 어떤 매체에 인쇄할 목적으로 지식 보유자로부터 분리시키는 것이다. 암묵적 지식을 표현하고 이를 모형화한 후, 적합한 언어로 스크립트를 변환하는 것이 이 과정의 주요 단계이다.

이 두 형태는 모두 스크립트의 구상, 즉 암묵적 지식의 일정한 모형화를 필요로 한다. 예컨대 테니스 강사는 코트에서의 강습(형태 a)을 고집하든 책 쓰기(형태 b)를 바라든, 주요 동작을 아주 세세한 하위 동작들로 나누어 표현함으로써 하나의 모형을 창조해야 한다.

마지막으로 형태 (c)는 행위 지식을 시청각 장비로 녹화하는 것이다. 복제(facsimile) 기술 덕분에 행위 지식의 저장과 분석이 가능하게 되었는데, 이것이 바로 철학자 발터 베냐민(Walter Benjamin)이 연구한 '기술적 재생산 가능성'이라는 개념이다. 이 경우 스크립트는 말 그대로 '창조'되는 것은 아니지만, 녹화의 대상은 있는 그대로 그 속에 저장되어 해당 지식의 재생산을 위해 선별되거나 분석 가능한 상태가 된다 (촬영된 어떤 장면을 느리게 재생함으로써 해당 동작을 더 잘 이해할 수 있거나 또는 자신의 작업을 설명하는 시연자의 동영상 강의를 충분한 시간을 들여 공부할 수 있다).

오늘날에는 이 세 가지 형태 모두 사용 가능하다. 이제 지식경제의 핵심 형태가 된 '지식의 코드화'에 대해 좀 더 자세히 살펴보려 한다.

2. 암묵적 지식에서 코드화로

암묵적 지식은 운용하기 쉽지 않은 재화다. 암묵적 지식은 그 성격상 보유자에게 '체화되어' 있다고 말할 수 있으며, 그것이 어떻게 전달되고 그 가치가 실현되는가는 보유자의 열의에 달려 있다. 비록 이러한 열의가 사실상 제도(내부 노동시장, 협력, 실행 공동체)에 의해 조직화되거나 명시되어 있다 하더라도 그 자체로 어려움을 유발하는 잠재적 요인이다. 더욱이 이 제도가 제대로 작동하지 않는다면 두말할 필요조차 없다. 암묵적 지식의 교환, 전달 및 학습에서 보유자의 의도적이고 자발적인 개입은 불가결한 것이다. 그리고 '탈(脫)발명'(시간의 흐름과 더불어 기술의 시행 방식을 망각하는 현상)의 리스크 또한 크다(MacKenzie and Spinardi, 1995). 일반적으로 암묵적 지식의 관리 활동(저장, 재결합, 재사용)은 어느 것이나 복잡하고 비용이 든다(8장 참조). 폴 데이비드(Paul David)는 기업들이 지식을 암묵적 상태로 보존하기 위해 사용하는 교묘한 전략에 대해 '과묵함'이라는 재미있는 표현을 사용하기도 했다. 기업의 이러한 전략은 기술 정보 검색 활동의 사적 수익률을 감소시킴으로써 궁극적으로 지식 스톡의 과소 사용을 유도하려는 목적이 있다. 이렇게 함으로써 사적·사회적 비효율성이 창출된다(Cowan et al., 2000).

코드화와 더불어 스크립트도 '분리될 수 있는' 방식으로 구성된다. 다시 말해 코드화 덕분에 인간은 자신의 기억을 자신의 외부에 놓아둘 수 있게 된 것이다(Leroi-Gourhan, 1964). 이렇게 해서 인간으로부터 독립된 저장 및 전달 능력이 창조된다. 코드화하는 데 상당한 고정비용이 소요되기도 하지만, 한계비용이 미미하기 때문에 무수히 많은 운용이 시행될 수 있다. 코드화는 비용을 축소시키고 스톡과 저장 관련 운용의 신뢰성을 (일정 한도 내에서) 증대시킨다. 매체가 작동 가능하고 '코드'가 망각되지 않는 한, 코드화된 지식은 원리적으로 저장과 재생의 무한 반복이 가능하다. 코드화 덕분에 지식 전달 과정에서의 또 다른 측면들(정보의 운송과 전달, 접근과 검색 등과 같은)의 비용은 엄청나게 줄어든다. 실제로 코드화된 지식은 '복제본'을 통해 쉽게 무한정 재생산될 수 있다.

또한 코드화 덕분에 지식은 상품의 성격을 가질 수 있게 된다. 그럼으로써 지식의 묘사와 명확한 식별이 가능해지고 지적 재산권도 부여된다(7장 참조). 이제 암묵적 지식은 원래의 보유자를 포함한 다른 자원의 이동이 없어도 독립적으로 전달될 수 있게 된 것이다. 그러나 지식의 코드화 덕분에 기술 시장이 효과적으로 용이하게 형성될 수 있다 하더라도 그 거래에는 대개 기술 지원과 학습이라는 서비스가 동반된다. 이미 말한 바와 같이 지식의 재생산에서 스크립트는 불완전하며 또 대부분 불충분한 버전을 제공할 뿐이다.

사람을 통한 지식 전달 비용에 비하면 코드화를 통한 지식 전달 비용이 상대적으로 적기에, 지식 집약 활동의 공간적 조직화에 변화가 초래될 것으로 예상할 수 있다. 한 예로 모키르(Mokyr, 2000)는 근로자들이 작업장에 가기 위해 이동할 수밖에 없는 공장 시스템이 사라질 것이라고 생각했다. 앞으로 사람의 이동보다 지식 이동에 따른 상대적 비용의 크기에 입지 문제가 달려 있기 때문에, 정보통신기술과 코드화된 지식을 집약적으로 사용하는 영역들에서는 활동의 공간적 집적이 감소할 것으로 예상된다. 하지만 기존의 여러 관성 때문에 이러한 변화가 오랫동안 방해받을 것으로 보인다.

코드화의 두 가지 기능

앞서 설명한 것과 같이 코드화는 지식의 저장 및 전달을 용이하게 한다. 구디(Goody, 1977)는 코드화의 출현과 더불어 저장의 문제가 더이상 지적 생활을 지배하지 않을 것이라고 말하며 "글로 적은 요리법이 시골에 계신 할머니의 빈자리를 부분적으로 채워준다"라고 말했다. 여기서 '부분적으로'라는 표현에 눈여겨볼 필요가 있다. 코드화로 지식이 훼손될 수도 있고 지식의 코드화 자체가 무용지물이 될 수도 있기 때문이다. 기록된 것 자체가 완전한 지식인 것은 아니다. 기록은 지식의 재생산을 도와주는 학습 프로그램일 뿐이다. 이 학습 프로그램이 상대적으로 완전해서 별다른 노력 없이도 지식이 재생산될 수 있는 경우(요리법, 기계 조작 매뉴얼 등)가 있는 반면, 테니스 학습 교본에 대해 앞서 지적한 것처럼 매뉴얼이 불충분하거나 거의 쓸모없는 경우도 있다. 이때 지식의 재생산은 주로 훈련, 연습 및 상황 시뮬레이션을 통해 이루어진다.

코드화의 독특성을 찾아서

저장과 학습 능력의 강화라는 첫 번째 기능만으로 코드화의 독특성을 모두 파악할 수는 없다. 사실 코드화의 도움 없이도 효과적인 지식 저장이 가능하다. 문자 없이 구술 방식만 사용해온 사회에서 개인 차원에서든 사회 차원에서든 지식 저장을 위한 다양한 인지적·기술적 절차가 사용되어온 것처럼 말이다. 한편 코드화된 지식의 경제적 속성(높은 고정비, 낮은 한계비용)은 스크립트를 기록하고 보존할 수 있게 해주는 시청각 자료(형태 c)에도 적용된다. 영화를 비롯한 여타 녹화 방식들도 기록된 문서 못지않게 효과적으로 분류되고 목록화되며 재발견될 수 있는 것이다. 이 때문에 코드화된 지식은 저장과 전송에 유리한 지식의 표현 방식이라는 독자성을 상실한 것처럼 보인다.

하지만 코드화는 그 자체로 새로운 지식의 창조 수단이라는 점에서 여전히 독특성을 갖는다. 코드화로 새로운 인지적 방식들이 가능해졌는데, 이 방식들은 지식이 특정 개인에게 고착되어 있어 (지식 전달자가 말할 때) 듣거나 (지식 전달자가 행할 때) 보는 것만 가능했을 때는 생각조차 할 수 없는 것이었다. 기록(글, 그래픽, 상징)은 (지식의 ─ 옮긴이) 요소들을 다른 방식으로 검토하고, 재정리하고, 별도로 분리시키고, 결합시키고, 분류될 수 있게 만든다. 기록은 정보의 선별과 처리를 위한 하나의 공간적 장치를 제공한다. 이리하여 목록, 표, 공식 등과 같은 새로운 지식 대상들이 나타난다. 예컨대 '공식'이라는 코드화는 수학적 추론을 잘 할 수 있도록 해주는 것으로서 운용의 시각화와 공간적 조작에 기반을 둔다. 이것은 언어만으로는 불가능하다. 코드화(지식의 공간화)로 파생된 지식은 분류, 계통, 갈래 망, 시뮬레이션 등과 같은 새로운 인지적 가능성을 열어준다. 또한 코드화는 음성언어와 몸짓언어의 형태를 변화시킨다. 즉, 코드화는 이 언어들의 구성 요소들을 추출하고 추상화시키며 회고적 검토를 가능하게 한다. 사실 코드화는 통상 지식의 보존을 그 첫 번째 기능으로 삼지만 항상 이 기능만 하는 것은 아니다. 코드화는 지식의 빠른 진보를 위한 전제 조건이었으며 지금도 여전히 지식의 역동적인 발전에 불가결한 도구다. 이러한 논지는 모두 구디(Goody, 1977)에게서 나온 것으로 그는 "야생적 사고를 거론하는 게 용인된다면, 코드화는 바로 이 야생적 사고를 순화시키는 도구였다"라고 말했다.

　스크립트의 코드화에 사용되는 모형과 언어의 진화는 인지적 도구로서 코드화가 갖는 위력의 크기를 결정해왔다. 예컨대 글로 적은 요리법은 스크립트의 정식화 측면에서 상대적으로 단순한 것임에도 불구하고 그 인지적 이점이 분명히 드러났다. 구디가 말한 것처럼 글로 기록된 최초의 약전(藥典)은 논평과 부가적인 언급을 통해 풍부해질 수 있었다. 이것은 요리법이 말로만 표현되는 단계에 있을 때는 실현될 수 없는 인지적 과정이다. 모형과 언어의 진화 과정에서 그 후속 단계들[구조화된 상호작용의 모형화, 가상 세계의 창조, 하이퍼텍스트(서로 관련된 정보를 연결하는 네트워크상으로 구성된 데이터베이스 ― 옮긴이)]은 또 다른 인지적 가능성을 열어준 새로운 형태들이다.

　코드화에는 항상 두 가지 측면이 있다. 하나는 코드화가 지식(스크립트)이 표현된 특정한 상태로서 저장과 전송이 용이하다는 것이고, 다른 하나는 코드화가 새로운 지식을 구축하는 도구라는 점이다. 이점이야말로 코드화가 갖는 독특성으로서 지식기반경제가 부상하는 데핵심 역할을 수행한다.

3. 지식 재생산 경제의 현대적 변형

정보통신기술 덕분에 코드화를 통한 지식의 재생산은 인지적 측면에서 비약적인 발전을 이루었다. 첫째, 정보통신기술은 코드화의 직접비용 중 인쇄 관련 비용(컴퓨터와 출력기, 그래픽 소프트웨어 등)을 감소시켰다. 둘째, 정보통신기술로 새로운 언어(인공지능)의 구상이 이루어져 복잡한 현상을 모형으로 만드는 능력이 상당히 증대되었고 일상적이지 않은 활동도 자동화될 수 있는 가능성을 증대시켰다(Foray and Steinmueller, 2003a). 끝으로 정보통신기술은 코드화를 더욱 강화시켰다. 통신 전산망은 코드화된 지식을 유통하는 데 가장 좋은 도구이기 때문이다. 아브라모비츠와 데이비드(Abramovitz and David, 2001)가 말한 것처럼 코드화는 지식 기반을 확장시키는 원인이자 가장 흔한 형태가 되었다.

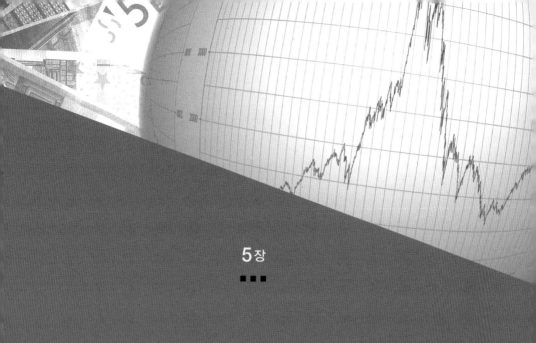

5장
. . .

지식은 공유하는 것이 좋은가,
사유하는 것이 좋은가?

이 장에서는 지식이 공공재로서 갖는 성격과 그 함의를 살펴볼 것이다. 또 지식 생산에 투자해서 얻게 되는 수익의 불완전한 점유라는 문제를 해결하기 위해 주체와 조직들이 어떤 전략들을 시행할 수 있는지 알아볼 것이다.

1. 공공재로서의 지식

수많은 주체의 이익을 위해 동시에 사용되는 재화는 통상 사용상의 비경합재(Romer, 1993) 또는 무한 확장성을 가진 재화로 규정된다. 이 경우 재화를 최초로 사용할 시에는 생산비를 포함해 그 비용이 상당히 높을 수 있지만, 그다음부터는 몇 번째 사용하든 무시할 만한 수준의 비용밖에 들지 않는다. 별도의 사본을 '제작할' 필요가 없기 때문이다. 이러한 특성은 이 책의 '서문'에서도 언급한 바 있다. 이러한 공공재의 두 번째 속성은 앞서 설명했듯이 배타적인 보존이 어렵다는 점이다. 어떤 지식을 항상 비밀로 간직한다 하더라도 그 지식으로 어떤 가시적인 결과가 생겨났다면, 적어도 결과가 있기까지 어떤 방법이 존재했음을 뜻한다.

이 두 가지 속성이 적용되는 방식에는 확실히 많은 미묘한 차이점들이 있다. 예컨대 지식의 사용에는 당연히 비용이 동반된다. 다름 아닌 사용자의 학습 비용이다. 즉, 사용자는 어떤 지식을 정확하게, 그리고 충분히 알고 있을 때에만 그 지식을 사용할 수 있다. 그런데 지식을 학습하거나 사용하는 데 필요한 인간의 능력 개발에 일정한 고정비가 소요된다 할지라도, 지식은 아무리 재사용되어도 고갈되지 않고 유의미할 정도의 추가(한계) 비용이 강제되지 않는다는 근본 명제는 변하지 않는다.

지식을 사용하면서 배타적으로 계속 소유하기 어렵다는 명제도 완화될 필요가 있다. 대부분의 지식은 처음부터 해당 운용의 성공적인 수행을 위해 준수만 하면 되는 일군의 코드화된 지침 형태로 제시되지 않는다. 막대한 암묵적 차원이 자연스러운 통제 수단으로 작용하기 때문이다. 물론 이 통제 수단의 기능은 지식이 완벽하게 코드화됨에 따라 약화되어갈 것이다.

이 두 가지 속성(사용상의 비경합성과 배타적 보유의 어려움)이 바로 경제학자들이 '공공재'라 부르는 재화의 속성이다.

공공재 지식의 의미

'공공재'라는 말은 아마 모두에게 익숙한 용어일 것이다. 하지만 이 용어는 여러 학문 분야에서, 심지어 경제학 분야에서조차 수많은 몰이해를 초래하고 있으며 논란을 불러일으킬 때도 있다. 공공재에 대해 법학자나 정치학자는 경제학자의 정의와는 완전히 다른 정의를 내리기도 한다. 경제학자들은 항상 위에서 언급한 두 가지 속성으로 되돌아가는데, 이 두 속성은 공공재가 민간 주체에 의해 생산될 수 없다거나 반드시 국가에 의해 제공되어야 한다는 것을 의미하지 않는다. 경제학적 관념에서 보는 공공재는 공공 영역에 속하는 재화 및 서비스 전체를 지칭하는 레스푸블리카[respublica: 공공사물(公共事物)을 뜻하는 라틴어 — 옮긴이]와는 다르다. 경제적 개념에서의 공공재는 이런 유형의 재화를 생산하고 분배하는 것에서 경쟁 시장이 효율적이지 못함을 함의한다. 시장에서는 어떤 재화의 사용으로 인한 추가 비용과 수익이 그 사용자에게 귀속될 때만 효율적인 자원 배분이 이루어진다. 공공재의 경우 이러한 귀속이 자동적으로 이루어지지 않을뿐더러 경쟁 시장에서는 이러한 귀속을 조직하기도 어렵다. 따라서 지식을 생산한 주체도 자신의 노력으로 창출된 수익 전체를 회수할 수 있을 것이라고 기대하기 어렵다. 이 때문에 경쟁 시장은 사회적으로 바람직한 수준에서의 투자(예컨대 연구 투자)가 실현될 만한 충분한 환경이 되지 못한다. 이러한 불완전한 점유의 문제를 해결하기 위해서는 적절한 제도가 필요한데 이 점은 7장에서 검토할 것이다.

2. 지식과 경제성장

지식의 역동성은 기술혁신(생산방법, 제품, 조직)의 창출을 도와 경제성장을 활발하게 만든다. 그러나 다른 요인들로 말미암아 더욱 효과적인 역동성이 발현되기도 하는데(Baumol, 2002) 예컨대 누적성을 가지며 쉽게 전파되는 지식이 그러하다(사용상의 비경합성과 비배제성 덕분이다). 또 효과를 배가시킬 수 있는 조건을 스스로 만들어낸다(지식은 경제의 부를 증식시키는 데 공헌하기 때문에 지식의 생산에 배분되는 자원의 상대적 비중이 일정하더라도 그에 배분되는 자원들의 양은 증가할 수 있다).

누적성과 점진성

비경합적으로 사용되고 타인의 사용을 통제하기 어려운 재화는 제약 없이 무한히 사용될 가능성이 있다. 만약 이 속성이 생산적 자본재에 적용되면 그야말로 '기적'이 일어날 수도 있는데 바로 지식이 그러하다. 지금까지 수없이 많은 지식이 여러 연구와 미래를 위한 지적 창조 활동들에 투입(인풋)되어왔다. 바로 이런 속성이 연구자, 엔지니어, 창조자를 "거인의 어깨 위에 앉아 있도록"[통상 뉴턴(Isaac Newton)의 것으로 간주되는 유명한 문구] 만든다. 예컨대 패러데이(Michael Faraday, 1831년), 맥스웰(James C. Maxwell, 1875년), 헤르츠(Heinrich R. Hertz, 1887년), 마르코니(Guglielmo Marconi, 1901년)는 누적된 지식들로 원격 통신용 라디오 전파를 활용한 발명을 이룩하는 데 기여한 유명 인사들이다(Rosenberg, 1992). 그러나 누적성이라는 특성에도 불구하고 지식은 산재될 수도, 포착하기 어려울 수도, 혼잡 상태에 있을 수도 있다. 그래서 어떤 소프트웨어를 완성하기 위해 수백(또는 수천) 개의 지적 기여들을 결합해야 할 때도 있다.

당연한 말이지만 지식의 누적성에도 그늘이 있다. 지식의 누적성이 실현되기 위해서는 발명가들이 자신의 작업 성과가 다른 사람에 의해 사용되어 연구의 도정이 지속될 수 있기를 바라야 하는데, 이에 반하는 사례도 있었다. 바로 연금술이다. 모든 연금술사들이 이러한 긍정적인 태도를 견지했던 것은 아니었다. "연금술은 진전을 이루지 못하는 과학으로, 개개의 연금술사들은 이전에 다른 연금술사들이 시행했던 실험을 모조리 반복 수행해야만 했다"(Rossi, 1999). 16세기의 근대적인 엔지니어였던 아그리콜라(Georgius Agricola)는 모호한 용어와 수수께끼 같은 것으로 쓰인 책이 지나치게 많다는 것을 알고 불만을 드러내기도 했다. 그 책의 저자들이 그렇게 모호하게 기록한 이유는 자신이 기여한 바의 실체를 드러내지 않으면서 뭔가 기여한 바가 있다는 것을 알리기 위함이었다. 이처럼 체계적인 코드와 표준 언어 채택, 견고한 지식을 확립하기 위해 필요한 규칙, 모두에 의한 협약의 수락 등 지식의 누적성 실현에 중요한 사항들이 부정적인 것으로 간주되었던 것이다. 다행히 오늘날에는 다음 세대가 앞서 생산된 지식들을 사용하는 것에 대해 긍정적으로 생각하는 태도가 일반화되었다. 이러한 태도의 출현은 지식의 누적성이 심화되는 데 결정적으로 중요한 요인이었을 것이다. 16세기부터 특정 엔지니어와 사상가들은 여러 지식 요인들의 결합을 구상하기 시작했다. 바로 광산이나 야금과 같은 분야가 그러한데, 지식의 점진성이 경제 발전에 불가결한 조건이라는 것을 확신했기 때문이다. 이 사상가들은 이전의 연금술사들이 취했던 태도를 비판했는데, 이는 연금술 연구가 비합리적이어서가 아니라 연구 기반에 명료성·정직성·생산성 등의 특징들이 부재했기 때문이다(Eamon, 1985; Long, 1991). 근대의 과학과 기술은 지식의 누적성을 공고화시킬 수 있는 제도, 태도 및 인식론적 기초와 연계되어 있다.

지식의 확산과 공공 영역

새롭고 '더 우월한' 지식을 신속하게 대규모로 확산시키는 것은 지식 생산과 혁신 활동의 효율성 증대를 위한 기본 조건이다. 연구 과정의 측면에서 보면 이 조건으로 말미암아 새로운 지식에 대한 신속한 가치 평가, 중복 연구의 감소, 연구 프로그램 간의 보완성 및 잠재적 파급효과가 보장된 영역이 확장된다(David and Foray, 1995).

또한 산업 부문 측면에서 지식의 확산은 최선의 기술이 최대한 빨리 채택되도록 만든다. 개별 기업 차원에서든 일국 차원에서든 열등한 기술의 사용에 집착하지 않고 더 빨리 신기술을 채택할수록 경제는 그만큼 더 빠르게 성장한다. 만약 한 기업이 최선의 기술을 보유하고 있다 할지라도 다른 기업들이 그보다 덜 효율적인 기술을 사용하고 있다면, 모든 기업이 최선의 기술을 사용할 때보다 사정이 더 낫다고 볼 수 없다. 따라서 지식의 신속한 확산은 경제성장 과정의 효율성 측면에서 볼 때 결코 사소한 요인이 아니다(Baumol, 2002).

따라서 기본적으로 혁신 활동의 효율성은 혁신의 주재료인 공공 지식의 집적 여하에 달려 있다. 예컨대 야페(Jaffe, 1989)는 공공 연구의 증가에 따른 산업적 연구 개발의 생산성이 갖는 탄력성의 크기를 추정해 두 요소 간에 양의 상관관계가 있음을 발견했다. 그리고 대체로 공공 지식이 연구 개발 투자의 사적 수익성을 증대시킨다고 보았다. 미국의 76개 기업을 표본으로 삼아 연구한 맨스필드(Mansfield, 1995) 역시 공공 연구의 공헌이 없었더라면 탄생하지 못했을 신제품들을 언급하며, 이 신제품들의 경제적 중요성을 증명했다. 툴르(Toole, 1998)는 제약 분야에서 공공 연구 스톡이 1% 증가할 경우 일정 기간 이후에 시판되는 새로운 치료 성분의 수가 약 2% 증가한다고 추정했다.

새로운 지식이 사적 소유를 기반으로 확산되는 것은 당연한 일이다. 예컨대 보몰(William Baumol)은 새로운 지식이 이토록 빠르게 확산된 적이 지금까지 없었다고 말하며 빠른 확산의 원인을 기술 시장의 이점에서 찾는다(8장 참조). 그는 이 시장이 상대적으로 단순한 조건(요컨대 가격의 형성)에서 효과적으로 작동할 수 있다고 예견한다. 더욱이 기업들은 특허 풀(pool)의 형성 또는 교차 라이선스 협약의 체결을 통해 그들의 사적 지식을 한군데로 모을 수 있다. 여기서 기업들이 집단적 지식 스톡에 기여하는 한, 그들은 지식 스톡을 자신들의 기업을 위해 '활용할' 수 있고 이로써 거래 비용도 감소한다(Grindley and Teece, 1997).

하지만 지식의 재결합에 기반을 둔 혁신에는 비용이 훨씬 더 많이 들며 심지어 그 시행 자체가 불가능할 수도 있다. '유럽 바이오 정보과학 연구원' 원장은 거의 정치적인 발언이기는 하지만, "발견은 종종 정보 공간에서 의도하지 않은 여정을 통해 이루어지기도 한다"라고 말했다(Cameron, 2001). 하지만 이 공간이 지나치게 많은 사적인 작은 부분들로 형성되어 있다면 여비(旅費)가 그만큼 비싸지며 심한 경우 여행 자체가 불가능해질 수 있다. 이때 급격히 수축되는 것은 바로 지식 기반 그 자체다. 그렇기에 자유로운 무상 접근을 보장하는 공공 영역은 여전히 지식 확산을 위한 최선의 수단이다. 공공 영역이라는 용어가 반드시 '국가에 의해 통제되는' 영역만을 의미하는 것은 아니다. 오히려 공공 영역은 '배타적 권리의 형태로 표현되는 사적 소유가 관철되지 않는 영역'이라는 더 넓은 의미를 갖는다(7장 참조).

급증하는 지식의 외부 효과

어떤 지식은 생산요소(누적성)가 되기도 하는데 이 생산요소는 비배제성을 가질 뿐만 아니라 무한 확장성이라는 놀라운 속성도 지닌다. 따라서 어떤 지식을 생산한다는 것은 '결합적 폭발'이라는 잠재력을 창조하는 것이나 다름없다. 이 잠재력을 현실화하기 위해서는 몇 가지 조건(코드화, 주체의 훈련을 위한 고정비, 누적성을 담보하기 위한 '지식 관련 장비')이 충족되어야 하는데, 일반적으로 이 조건들은 지식기반경제에서 잘 충족되며 정보통신기술에 의해 더욱 강화된다. 정보통신기술이 지식 도구로서 갖는 장점은 이미 앞서 살펴본 바 있다(2장 참조). 지식 생산과 경제성장 간의 연관성은 상당히 강화되어왔으며 지식의 외부 효과가 엄청나게 증대하는 경향도 몇십 년 전부터 출현하기 시작한 지식 사유화의 몇 가지 형태들(7장 참조)로 인해 완화되어왔다. 그럼에도 불구하고 이 경향은 장기적으로 명백하고도 근본적인 성격을 띤다.

3. 지식의 점유

이론적 차원에서 보면 지식에 대한 자유로운 접근은 지식 사용의 정태적 효율성을 극대화시킨다. 왜냐하면 자유로운 접근을 통해 가격(제로)이 재생산의 (무시할 만한 수준의) 한계비용과 같아지기 때문이다. 여기서 자중손실*의 문제가 고려된다(상자글 〈새로운 지식, 혁신 및 가격 형성〉 참조). 그러나 동태적 관점에서 보면 사정은 완전히 달라진다. 만약 생산된 지식을 누구나 당장 자유롭게 사용할 수 있다면 누가 그 생산에 자원을 투입하려 할까? 이것이 바로 점유의 문제다.

새로운 지식, 혁신 및 가격 형성 ♦♦

경쟁 시장이라는 조건에서 어떤 기업이 신제품을 판매해 막대한 이윤을 얻고 있다면, 진입 장벽이 설치되지 않는 한 다른 기업들도 바로 이 시장에 진입하려 들 것이다. 이때 새로운 기업의 진입으로 가격은 하락하고 이윤은 줄어든다. 결국 가격은 한계생산비 수준으로 낮아지게 되고 이윤[정상이윤(즉 사회적 평균이윤)을 초과하는 부분에 해당하는 이윤 — 옮긴이]은 사라진다. 따라서 한계생산비가 아주 낮다면 (규모의 경제, 디지털 같은 비경합재의 생산에 적용된 효율적인 생산 기술 등의 이유로) 가격은 무시할 만한 수준이 될 수도 있다. 그러나 브랜드의 가치가 높거나 명성 효과가 있다면 해당 제품은 한계생산비보다 다소 높

◆　자중손실(deadweight loss): 경쟁의 제한으로 인한 시장의 실패에 따라 발생하는 자원 배분의 효율성 상실로, 소비자 잉여와 생산자 잉여의 동시 감소라는 형태로 나타나는 사회적 손실을 말한다. — 옮긴이

은 가격으로 판매될 가능성도 있다[예컨대 이 가능성은 브랜드(brand) 의약품과 일반(generic) 의약품 간의 경쟁에서 전형적으로 나타난다].

기업들은 '자신만의 가격을 설정'하기 위해 혁신을 통해 '독자적인' 제품을 출시하고, 기업이 원하는 가격을 '자유롭게' 선택할 수 있는 상황을 만든다. 그러나 가격이 높을수록 수요는 감소하기에 기업은 자신의 독점 지위를 활용해 한계수입이 극대화되는 가격을 선택할 것이다. 원리적으로 보면 독점기업은 이윤 극대화를 위해 수요 조건(소비자나 국가의 범주에 따라 상이한 수요의 가격 탄력성)에 따라 가격을 차별화할 것이다(7장 참조).

램지(Ramsey) 규칙에 따르면 가격 차별화의 전제 조건은 다음과 같다. 규모의 경제로 인해 한계비용 수준에서 가격을 설정함으로써 이윤이 사라질 경우, 소비자 범주마다 수요의 가격 탄력성이 다르다는 사실을 근거로 가격 차별화를 시행하면 배분 효율성이 증가한다. 지식은 그러한 전형적인 사례로서 사용 규모가 증가할 때 한계비용이 극단적으로 체감하는(체감이 무한히 지속된다는 의미 — 옮긴이) 형태를 보인다.

결국 독점기업은 경쟁자들이 신제품을 생산하거나 팔지 못하게 만듦으로써 자신의 시장 지위를 보호하려 할 것이다. 가격 경쟁이 빨리 이루어져 가격이 다시 한계비용 수준으로 하락하는 상황을 피하려면 모방을 금지하거나 적어도 지체되도록 만드는 것이 중요하기 때문이다.

새로운 지식을 통해 지대(rent: 일종의 초과 이윤 - 옮긴이)를 획득하는 방법으로, 지식 생산자가 배타적 통제를 유지함으로써 지식의 확산을 저지하는 방법만 있는 것은 아니다. 배타적 통제를 유지하는 것은 훨씬 더 일반적인 문제, 즉 발명이라는 노력에 의해 창출된 지대를 어떻게 획득할 수 있을까라는 문제에 대한 여러 해법들 중 하나일 뿐이다(Scotchmer, 2004).

지식의 배타적 점유 추구

지식의 배타적 점유를 주장할 수 있는 방법은 여러 가지가 있다. 그러나 이 여러 방법들은 공급상의 독특성으로 인해 비용(사회적 평균이윤인 정상이윤을 포함한다 - 옮긴이)보다 더 높은 가격을 설정함으로써 일정한 지대를 회수할 수 있다는 사실에 기반을 둔다는 점에서 분석적으로는 유사하다(111쪽 상자글 〈새로운 지식, 혁신 및 가격 형성〉 참조).

배타적 점유를 주장할 수 있는 첫 번째 방법은 '사업상 비밀'이라는 법적 장치를 활용해 '제조 비결'을 보존하는 것이다.

그다음으로 두 번째 방법은 자신이 바로 발명자라는 증거를 제시한 후 법적 장치(지적 재산권) 또는 사회적 장치[법적 수단에 호소하지 않으면서 파리협약(정식 명칭은 '공업소유권의 보호에 관한 1883년 3월 20일의 파리협약' - 옮긴이)으로 인정되고 강화된 지적 재산권]를 동원해서 배타적 소유를 주장하는 것이다. 이 두 가지 방법을 통한 지식의 점유는 법적 또는 사회적으로 확립된 재산권 제도에 기반을 둔다.

하지만 배타적 점유는 단순히 발명의 복제가 쉽지 않다는 사실에 기반을 둘 수도 있다. 모방은 시간을 요하는 복잡한 활동이고 암묵적 지식은 재생산되기 어렵다(4장 참조). 또 복사본이 즉각 공급되는 것도 아니다. 바로 이러한 점 때문에 최초 발명가는 적어도 일시적으로 배타적 점유의 혜택을 누릴 수 있다. 원본은 경쟁 시장에서도 양의(정상이윤보다 높은 초과이윤을 보장하는 – 옮긴이) 가격을 강제할 수 있는 자산이다(Boldrin and Levine, 2002). 이 가격은 '쓰고 싶어 안달이 난 참을성 없는 소비자'[예컨대 얼리어답터(early adopter)]에게 미래의 한계효용에 해당하는 금액을 현재가치로 환산한 금액일 것이다. 발명가에게 이익이 돌아가는 기간은 오직 복제본이 공급되지 않는 기간으로 한정된다. 따라서 원본에 양의 가격을 부여하는 경쟁 균형은 복제본을 무제한 공급하는 것과 양립될 수 있다.

그러나 타인의 발명품을 모방하고 재생산하는 데 별다른 통제가 없다는 특징이 있는 균형이 안정성을 가지려면 다음 두 가지 조건이 충족되어야 한다. 첫째, 모방은 복잡하고 비용이 많이 드는 행위인 만큼 발명가의 점유 기간이 충분히 길어야 한다(Samuelson and Scotchmer, 2001). 둘째, 특정 재화(의복 등 여타의 소비재)처럼 그 핵심 기능이 사회적 지위 같은 하나의 위치를 표상하는 데 있을 경우, 모방은 새로운 창조물에 대한 수요를 활성화시킨다. 따라서 이 경우에는 역설적이게도 모방 자체가 혁신의 계기가 되며(Raustalia and Sprigman, 2006) 모방에 대한 통제의 부재를 특징으로 한 균형은 강화된다.

지식의 해방을 통한 수익 창출

'지식의 해방'은 시장에서 지식을 '판매한다'는 의미가 아닌, 지적 재산권으로 획득되는 배타적 점유에서 직접 파생되는 전략을 말한다. 지식을 해방시킨다는 것은 그것을 방기하는 것, 즉 지식을 직접적인 반대급부 없이 타인에 의해 사용될 수 있는 형태로 양도하는 것이다. 이전략은 보유자가 지식을 방출함으로써 수익을 올릴 수 있을 때 채택되는 점유 전략이다. 특히 자신의 새로운 기술을 시장의 표준으로 만들기 위해, 다른 기업들이 해당 기술을 채택하도록 설득하려는 기업이택할 수 있는 산업 전략이다(최선의 설득 방법은 단연 무상 양도일 것이다). 이 외에도 지식을 공표하고 노출함으로써 명성이라는 자본이 형성되기도 한다. 이 경우에는 사후에 다양한 형태(과학적 보상, 연구 보조금뿐만 아니라 일자리 제공)로 그 가치를 보상받을 수 있다. 과학적 출판의 경우 또는 공동 프로젝트에 소프트웨어 개발자가 무상으로 기술적기여를 하는 경우가 그러하다.

발명가는 발명품이 일반적으로 사용될 때 나타나는 상대가격 변동에 관한 배타적 정보를 활용해 수익을 올릴 수도 있다. 이것의 비근한사례로 물레방아 발명을 꼽을 수 있다. 물레방아의 확산으로 관개(灌漑)된 토지의 가치가 상승할 것을 예상한 발명가는 물레방아 사용이일반화되기 전에 해당 토지들을 가능한 한 많이 매입해둠으로써 충분한 수익을 올렸던 것이다(Hirshleifer, 1971).

보완적 자산

수익의 점유는 새로운 지식 그 자체를 통제하지 않고 그 활용을 가능케 해줄 요인들을 통제함으로써 보장될 수도 있다. 신제품을 제작하는 데 복잡한 역량들을 결합적으로 동원하는 것이 불가결하다면, 해당 제품의 생산 능력과 그 시장에 대한 접근성은 중요한 보완적 자산이 된다(Teece, 1986). 모방하기는 상대적으로 쉽지만 그 보완적 자산을 통제하기는 어려운 지식도 있게 마련이다.

지식의 점유에 관한 코즈의 해법

코즈(Ronald Coase)는 모든 경제적 외부 효과의 문제를 일방향의 (모리배에 대처하는 수단을 강구함으로써 축소될 수 있는) 문제가 아니라 외부 효과를 창출하는 주체와 이 효과를 누리는 주체 사이에서 발생하는 쌍방향의 문제로 본다. 외부 효과 창출자와 잠재적 모리배들(결국 연구 노력에 기여한다)이 함께 일종의 클럽을 만들어 외부 효과를 클럽 내부에서 흡수한다면 점유의 문제는 완화될 수 있다. 이때 중요한 것은 지식을 통제하고 확산을 저지하는 것이 아니라 지식이 자발적으로 공유되는 범위를 확대시킴으로써 외부 효과의 크기를 축소시키는 데 있다. 이 해법은 클럽의 형성과 관련해 거래 비용이 너무 높지 않으며 독점화의 위험이 확인되지 않을 때 더욱 흥미를 끈다. 참가자가 늘어날수록 거래 비용이 커지기 때문에 참가자를 무한정 모을 수는 없지만, 외부 효과가 대단히 크다면 클럽의 범위는 지역적 경계를 넘어 더 커질 수도 있다.

지식 점유 방식상의 신경향들

수많은 변화로 앞서 우리가 살펴본 여러 점유 방식들이 교란되는 일들이 나타나고 있다. 예컨대 복제가 어렵고 시간이 걸린다는 전제하에 시행되었던 점유 방식은 정보통신 신기술에 의해 위태로워지고 있다. 서적 분야는 완벽한 복제가 가능해져 처음으로 위태로워진 경우다. 옛날에 원저자의 지위가 보호될 수 있었던 것은 복제의 질이 낮고 복제본의 복제는 더욱 질이 나빠, 전사상의 오류가 누적되었기 때문이다 (Plant, 1934). 완벽한 복제본을 만들기 어려운 상황이 원저자에게 배타성을 부여했고 모사가 시행된 이후에도 상황은 거의 달라지지 않았다. 수기(手記) 방식과 복제 기술자가 있던 시대에는 도적질이 제한적일 수밖에 없었다. 인쇄술의 도입을 반대했던 사람들은 바로 이 점을 결정적으로 내세우기도 했다. "인쇄술로 인해 저작물의 운명이 익명의 사람들에게 복제본을 판매하는 기계의 손으로 넘어가버린다"는 것이다. 저자들은 자신의 저작물이 수사본과 필사본을 통해 '필사 공동체' 내부에서만 확산되게 함으로써 통제권을 유지하려 했다(Love, 1993). 그러나 오늘날에는 복제의 복제조차 완벽하게 이뤄지며 특정 영역(디지털 상품)에서는 복제가 즉각 이루어지기도 한다. 이러한 순전히 기술적인 이유로 말미암아 복제의 어려움에 기초한 점유 전략이 더 이상

통하지 않게 된 영역들이 수없이 나타나고 있다.

한편 집단적으로 창조된 지식은 지적 재산권의 귀속 방식을 갈수록 애매하게 만든다. 역사학자 샤르티에(R. Chartier)는 저작권을 17~18세기에 시작되어 오늘날과 같은 전자책의 시대에 종식되어버린 단순한 역사적 일화로 간주했다. 전자 텍스트는 공개되어 있고 다루기 쉬우며 다성(多聲)적이다. 이로 인해 고유의 정체성을 인정하고 그 소유를 주장할 수 있도록 해주었던 저작물의 성격이 사라져버렸다. 샤르티에는 "기술적 매체로 표현된 저작물에 어떠한 경계선이나 안정된 정체성도 없는데, 하물며 영속적인 정체성을 어떻게 인정할 수 있을까?"라고 말한다. 이제는 더 이상 저작물의 단일한 귀속만이 아니라 그 총체성의 보호마저 문제시되고 있다. 그의 표현을 다시 빌려 말하자면, 독자가 더 이상 텍스트의 여백이 아니라 텍스트 그 자체에 글을 쓰게 될 때 저작권은 무용지물이 되는 것이다. 바로 전자책이 이런 일을 가능한 것으로 만들고 있다.

4. 점유의 딜레마

지식의 창조를 조장하는 유인 만들기와 지식의 특권적 점유의 극대화 간의 딜레마는 점유 방식에 따라 강화되거나 완화될 수 있다. 점유가 배타적 소유를 특권시하고 법적 배제권의 획득 및 시행에 기반을 두고 있다면 이 딜레마는 거의 극복 불가능하다(지식의 배타적 소유가 법적으로 보장되는데 어떻게 확산의 영역이 확장될 수 있을까?). 따라서 이 경우에 사용 가능한 해법은 점유 메커니즘을 불완전하게 만들거나 아니면 법적으로 보장되는 데 복잡한 장치를 추가하거나, 또는 일정한 비용이 들도록 만드는 것이다. 이와는 반대로 점유가 지식의 해방과 밀접하게 연계되어 있을 경우, 상기의 딜레마를 해결할 수 있는 최선의 해법에 접근할 수 있다. 즉, 이때는 창조의 유인과 확산의 유인이 완벽하게 일치한다. 이 장에서 언급한 딜레마는 지식의 생산과 분배를 관장하는 제도에 대한 문제를 다룰 때 핵심 사안이 되는데, 이는 7장에서 다룰 것이다.

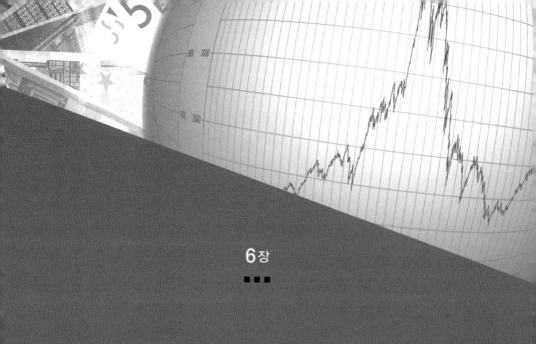

6장

■ ■ ■

지식이 산업 생산성을 좌우하는가?

각 산업 부문의 성격은 지식경제에 해당되는지의 여부에 따라 규정될 수 있다. 이는 오늘날 경제적으로 진보하는 부문(생산성이 연속적으로 증가하는 부문)과 진보하지 않는 부문(생산성 증가가 미미하고 산발적으로 일어나는 부문)이 있다는 보몰(William Baumol)의 논지와 유사성을 지닌다. 이러한 유사성은 생산성 향상에 어려움을 겪는 부문들을 '보몰의 질병'으로 설명할 수 있다는 점에서 기인한다. '보몰의 질병'이란 지식의 창조 및 분배 과정이 제대로 작동하지 않는 상태가 지속되는 현상을 지칭한다.

1. '보몰의 질병'으로의 회귀

경제적으로 진보하지 못하는 부문들의 이유는 다시 '내재적인 이유'와 '구조적인 이유'로 크게 나뉜다. '내재성'은 생산 활동 자체의 문제 때문에 생산성 증가의 한계가 나타남을 뜻한다. 즉, 한계점이 생산 활동의 코드 속에 내재되어 있는 것이다. 이에 대한 유명한 예가 바로 실황 공연 사례다(Baumol and Bowen, 1965). 실황 공연에서 생산성이 증가될 수 없는 것은 아니지만(예컨대 단원이 비행기로 이동하면 심포니 오케스트라의 생산성이 증가될 수 있다) 모차르트 음악을 더 빨리 연주하거나 더 소수의 배우만으로 몰리에르 작품을 공연해서 생산성 향상을 도모하는 데에는 근본적인 한계가 항상 내포되어 있다.

이와는 반대로 두 번째 부류인 '구조적인 이유'로 진보하지 못하는 부문들은, 생산 활동의 코드 속에 내재된 문제가 아닌 특별히 지식의 창조 및 활용 방식, 그리고 혁신 과정과 연계된 구조적인 문제 때문에 생산성 부진이 초래된다. 예컨대 교육 부문을 보자. 교육 '코드'에는 일곱 살짜리 학생이 읽기 연습에 시간을 어느 정도 들여야 하는지에 대한 지침이 아예 없다. 또 요리 '코드'에는 치즈 수플레를 30분간 구워야 한다는 식의 지침이 전혀 나타나 있지 않다. 이러한 지침은 그것이 교육에 관한 것이든 요리에 관한 것이든 현재의 지식 상태를 감안하여 확립되는 것이기에 당연히 변경될 수 있다.

내재적인 이유로 진보하지 못하는 부문에서는 '산 노동'(여기서는 생산 과정에 투입되는 요소로서의 노동, 즉 노동력을 가리키며 '죽은 노동'인 자본에 대응된다 ― 옮긴이) 자체가 하나의 생산물이다. 따라서 기술 변화를 통한 합리화의 대상이 될 수 없기에 여기서는 이 부문은 제외하고 구조적인 이유로 진보하지 못하는 부문만 다루려 한다. 이 부문이야말로 지식의 생산 및 유통 방식의 관점에서 볼 때 변화가 가능할뿐더러 특정 시점에서 진보하는 부문의 범주로 편입되기도 한다. 따라서 이 장에서는 핵심 사안으로서 진보하는 부문이 될 수 있도록 영향을 끼치는 구조적 조건과 여러 가지 서로 다른 방식을 살펴볼 것이다.

지식경제로의 이행: 의학의 사례

진보하는 부문과 구조적인 문제로 진보하지 못하는 부문 간의 경계선은 한번 정해지면 영원히 바뀌지 않는 그런 류의 경계선이 아니다.

진보하지 못하던 부문이 혁신 과정과 지식 관리 방식의 변경을 통해 진화하는 것이야말로 구조 변화를 관장하는 핵심 논리다. 기술 변화로 인해 제공되는 기회들이 뚜렷하고, 조직이든 개인이든 지식의 생산 및 관리상의 새로운 방법(새로운 '지식 문화')을 채택하는 것 외에 다른 대안이 없다면 진화가 당연히 일어날 수밖에 없다. 반면 해당 부문이 진보하는 데 지식 문화의 근본적인 변화가 필요하다는 사실이 명백하게 증명되지 않아 진화하지 못하는 경우도 있다.

지식경제 관점에서 볼 때 의학 분야는 완만하지만 피할 수 없는 변동을 겪은 대표적인 사례다. 투비아나(M. Tubiana)는 최근 출간한 비망록에서 이에 관해 훌륭히 설명했다. 그는 미국에서 출현한 '증거 기반 의학(evidence-based medicine)'이 유럽에서 서서히 정착되어갔던 1950년대를 두고 다음과 같이 말했다.

연구와 일상의 진료를 하나의 절차로 통합시켜서 의사들이 각자 그때그때 영감에 의존해 환자를 다루던 시대를 벗어나는 것이 중요했다. 육감과 경험 덕분에 놀라운 성과를 이루어낸 의사들이 전혀 없었던 것은 아니지만 당시 의학의 일반적인 수준은 한심하기 짝이 없었다. …… 1950년에 진보의 길이 뚜렷하게 나타났다. 각 환자를 영감과 정보의 원천으로 삼고 확실한 진단을 내리며 오랜 기간 충분히 경과를 살피는 행동들이 이것을 말해준다. 또 환자들을 동질적인 여러 부류로 분류하고 왜 환자마다 반응이 다른지 연구한다. 이때 결과들의 통계적 분석이 왜곡되지 않도록 단 한 명의 환자도 빠뜨리지 않는다. …… 결과들을 비판적으로 평가하고 임상 테스트를 통해 검사와 처방을 코드화하는 것을 배우며, 별다른 가치가 없는 생체검사와 효과가 거의 없는 처방은 배제시킨다. 이러한 진화가 몇십 년에 걸쳐 이루어질 동안 논쟁이 전혀 없었던 것은 아니지만 큰 소란이 일어난 것도 아니다. 왜냐하면 근대적 방법론의 위력이 논쟁 기간을 단축시켜주었기 때문이다(Tubiana, 2008: 217).

지식경제로 편입되어간 부문의 사례는 많지만 그중 가장 최근의 사례는 당연히 상업 서비스 부문일 것이다. 이 부문의 기업들은 정보통신기술을 인적 자원(특히 지식)의 새로운 조직 및 관리 형태들과 연계시켰다. 이 점은 1995년 이후에 조직 자본의 변형과 결합된 정보통신기술 자본의 증가가 노동 생산성을 강화시키는 데 막중한 역할을 수행했다는 사실에도 불구하고 타당하다(Triplett and Bosworth, 2003).

생산성 진보에 긍정적인 영향을 끼친 구조적 조건들

이 부문들이 지식 집약 부문으로 편입(진보)될 수 있도록 만들어준 구조적 조건들은 다음과 같다(Nelson, 2005).

- ('관련 직업'에 관한) 실행 지식과 노하우의 진보 및 전진: 수준 높은 실험을 시행하고(3장 참조), 이로부터 실행 지식의 진보를 위한 교훈을 신속하게 도출하는 능력이 핵심이다.
- 개인과 집단의 성과를 결정하는 요인의 식별 및 이해: 관찰 가능

한 성과의 미시적 기반들이 있고 제대로 명시되어 있으며, 분석적으로 이해되고 재생 가능한 부문들이 있다. 이 덕분에 해당 부문에서 최선의 실행 지식들이 코드화되고 전달이 용이해졌으며 지식의 거대한 진보가 이루어질 수 있었다(4장 참조).

- 개인이나 집단으로 하여금 최선의 해법을 추구하도록 만드는 기본적인 유인: 실행 지식과 노하우의 혁신으로 창출된 수익을 점유하는 능력을 말한다(5장 참조).

2. 교육의 사례

우리는 영국 케임브리지(Cambridge) 대학의 교육학 전문가인 하그리브스(D. Hargreaves)와 함께 수행한 협동연구(Foray and Hargreaves, 2003)를 통해 교육 부문에서 이러한 조건들을 충족하기가 왜 그토록 어려운지 알게 되었다. 일단 교육 부문은 성과의 기반에 대한 이해가 미약하고 교사별 성과의 차이를 설명할 때 재능, 성품, 영감 등의 개념에 주로 의존한다. 엘모어(Elmore, 1996)는 '질 높은 강의란 오랜 경력으로 획득된 직업적 역량이 아니라 개인적 재능에 의해 만들어지는 것이다'라는 믿음이 중요한 역할을 했다고 지적했다. 사실 실행 지식은 여전히 매우 암묵적인 성격의 것이어서 우수하다고 판정된 해법이라도 거의 전달되지 않는다. 달리 말해, 다른 부문들에서 지식의 누적성과 풍부한 파급효과의 기반을 이루는 지식경제의 몇몇 주요 메커니즘이 교육 부문에는 존재하지 않는 것이다. "초보 교사는 '제로(0)에서 다시 시작해야' 한다. 일상적인 실행에서 나타나는 문제들을 해결해줄 수 있는 대안적 해법과 그 접근에 관한 정보가 전혀 제공되지 않기 때문이다"(Foray and Hargreaves, 2003).

한편 교육 부문은 실험을 통해 우수한 해법을 연구하기 어려운 분야이기도 하다. 통제된 실험이 아주 불가능한 것은 아니지만 수많은 난제가 따른다. 베를리너(Berliner, 2002)의 아주 훌륭한 논문을 인용해 말하자면, 교육 관련 연구는 가장 어려운 과학이다. 말장난처럼 들릴지 모르지만 베를리너는 '경성 과학(hard science)'과 '연성 과학(soft science)'이라는 이분법 대신 '실행하기 쉬운 과학(easy-to-do science)'과 '실행하기 어려운 과학(hard-to-do science)'이라는 이분법이 더 낫다고 말한다. 이 분류에 따르면 기계공학은 첫 번째 범주에, 교육학은 두 번째 범주에 속하는데, 교육학의 경우 통제될 수 없는 요인이 수없이 많고 결과의 일반화가 통상 제한되어 있기 때문이다. 따라서 교육 분야의 연구 개발이 실천적인 해법을 생산하는 경우는 드물다(Murnane and Nelson, 1984). "초보 강사들은 대학에서 획득한 학문 지식(예컨대 교육심리학)으로 수업 중에 발견한 문제들을 해결할 수 있다고 생각하지 않는다"(Murnane and Nelson, 1984).

끝으로 교육 부문에서 제공되는 유인은 혁신을 거의 유발하지 못한다. 여기에는 여러 이유가 있지만, 이에 대한 분석은 이 책의 범위를 크게 넘어서는 것이기에 생략하겠다.

보몰의 의미에서 보면 교육은 진보하는 부문이 아니다. 그러나 내재적인 이유로 진보하지 못한다고 볼 수는 없다. 오히려 지식의 동학과 점진성을 저지하는 몇몇 구조적 조건이 존재한다는 데 원인이 있기 때문이다. 하지만 그렇다고 불가피한 구조적 변화가 일어날 것을 보여주는 증거가 있는 것도 아니다. 의학의 경우와 같은 과학적·기술적 진보를 보여주는 증거가 없고 지식 문화를 둘러싼 갈등도 우심하다.

3. 근본적인 질문

끝으로 50년 전 의학의 경우에 비추어볼 때 교육 부문이 단순히 '지체된 상태'에 있는 것인지, 그리고 식별된 구조적 문제들은 해결될 수 있는 것인지 의문이 생긴다. 이러한 문제 제기는 교육 부문의 지식 생산 및 이용 방식이 변형되도록 자극함으로써 결국 지식경제로 편입되도록 도울 것이다. 어쨌든 이것은 미국의 교육 정책이 내세우고 있는 가설이기도 하다. 미국은 "단 한 명의 어린이도 법률 뒤에 방치해두지 않는다(No Child Left Behind Act)"라는 슬로건하에 '임상' 유형 연구에 막대한 보조금을 지급하고 있다. 또 데이터베이스와 과학적으로 우월하다고 인정된 교육적·실천적 해법 리스트를 교사들이 활용하도록 장려하고 있는데, 이는 교육 부문에서의 연구와 혁신을 혁파하기 위한 시도라고 할 수 있다(Cook and Foray, 2007; Angrist, 2004).

물론 교육 부문의 비진보성을 지식의 발전 논리상의 지체라는 단 한 가지 문제로만 귀착시킬 수는 없다. 교육 부문은 실험을 기반으로 최선의 실행 방법과 기법을 선택하고 선택된 지식의 코드화와 혁신에 주로 근거를 두는 지배적인 모델과는 전혀 다른, 지식의 창조 및 전달 논리를 가지고 있다. 이 지배적인 논리로 기술 관련 부문들의 생산성이 놀라울 정도로 향상되었다는 사실 때문에, 과학과 기술 간의 접합을 시행하고 지식을 전달하는 데 다른 방식과 논리가 존재할 수도 있다는 사실이 부분적으로 은폐되어왔다. 이러한 또 다른 방식과 논리를 완성하기 위해서는 무엇보다 그 존재 자체를 인정하는 것이 필요하다. 이로부터 교육과 같은 유형의 부문에서 실행 지식의 진보 방식이 개선될 것이다(Foray et al., 2007).

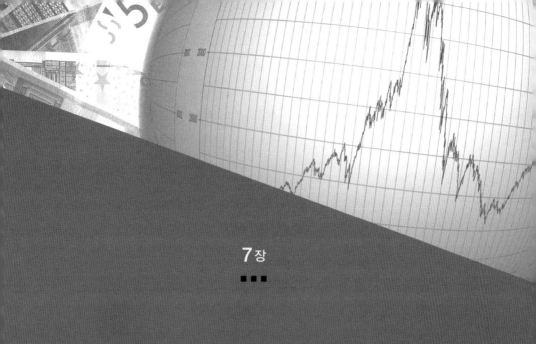

7장

■ ■ ■

지식의 생산과 분배를 돕는 제도는
무엇인가?

지식은 공공재로 규정된다. 즉, 지식의 생산 및 분배와 관련해 경쟁적인 민간 시장은 지식 자원의 최적 배분을 가져다줄 수 없다. 이 문제를 어떻게 해결할 것인가가 7장 1절의 탐구 대상이다. 이어서 지적 재산권 제도를 특별히 주목해서 살펴본 후, 이 제도를 대체할 만한 높은 혁신율을 보장하는 새로운 제도들을 간략히 언급할 것이다.

1. 시장 결함과 제도적 해법

우리는 공공재로서의 지식에 관한 논의에서 지식이 경쟁적 민간 시장의 틀 속에서 주기적으로 과소 생산에 처해질 수 있음을 알았다. 그 원인으로 잠재적 실현이 가능한 수익이 불완전하게 점유될 수 있다는 문제점이 지적되었다. 그러나 주기적인 과소 생산의 문제를 악화시킬 여지가 있는 다른 어려움들도 있다.

예를 들어 불확실한 프로젝트를 기피하는 기업은 경기 상황에 따라 가치가 민감하게 좌우되는 지식의 가치를 과소평가할 수 있다. 기초연구에는 응용 연구보다 훨씬 더 긴 숙성 기간이 필요하다. 만약 어떤 투자의 사적 현재가치화 비율[미래 가치를 현재 가치(present value)로 환산하는 데 적용되는 할인율 — 옮긴이]이 사회적 현재가치화 비율을 초과할 경우, (주체들이 근시안적이거나 자본시장이 불완전하기 때문에) 이런 투자는 시장에 의해 실현되기 어려울 것이다(Arrow, 1962a).

또 다른 문제는 발명가와 자금 제공자가 다를 때 나타난다. 예컨대 발명가가 만족하는 수익률과 외부 투자자가 요구하는 수익률 간의 격차가 큰 경우들이 이에 해당된다. 여기에는 자본 비용이 너무 높아 실현될 수 없는 투자가 있을 수 있고, 그 투자 자금이 정상적인 이자율로 조달되어 사적 수익 기준을 충족시킨다 할지라도 일어날 수 있다(Hall, 2007).

이러한 문제들로 인해 경쟁적인 민간 시장에서는 일반적인 상황에서든 특정 프로젝트에 대해서든 자원이 최적 배분될 수 없게 된다.

유인과 접근 사이에서

혁신을 조장하는 유인을 만들어내는 것은 지식 관련 제도를 구상할 때 고려해야 할 요소 중 하나에 지나지 않는다는 점에 주목해야 한다. 만약 혁신을 야기하는 유인을 이끌어내는 것이 유일무이한 목적이라면, 지적 재산권을 무제한 보장함으로써 항구적인 독점을 부여하는 것이 최선의 방법이 될 것이다. 그러나 이와 동시에 지식의 접근과 확산이라는 또 다른 목적도 감안해야 한다.

새로운 지식을 신속히 확산시키고 사람들의 접근을 용이하게 하는 것은 혁신·성장·복지를 위해 중요하다. 더욱이 지식의 재사용에 따른 한계비용이 제로이므로 지식이 가능한 한 신속하게 확산되는 것을 경제적 측면에서 반대할 이유가 전혀 없다. 그러나 지식의 확산이 사회적으로 바람직한 것이라 할지라도, 지나치게 빠르거나 막대하게 이루어진다면 앞에서 언급된 점유의 문제가 부각될 수밖에 없다. 만약 기업들이 아무런 노력도 하지 않은 채 다른 이가 생산한 지식에 쉽게 접근할 수 있다면, 과연 어떤 기업이 새로운 지식을 생산하는 데 그토록 막대한 노력을 기울이려고 할까?

지식의 생산과 분배에 관한 주요 제도들은 이러한 긴장을 해소하기 위한 것이다. 따라서 각 제도의 실효성 여부는 앞서 제시된 두 가지 상호 모순적인 요청 사이에서 이루어지는 타협의 질과 효율성이라는 측면에서 평가되어야 한다.

공공재의 생산과 분배에 관한 근대적 자원 배분 이론은 이 문제에 대해 다음과 같은 세 가지 가능성 있는 해법을 제시한다(David, 1993; Dasgupta, 1988).

제도적 해법 세 가지

첫 번째 해법은 국가가 지식 생산에 직접 개입하는 것이다. 이렇게 생산된 지식에 자유롭게 접근할 수 있도록 허용할지의 문제는 사안에 따라 서로 다른 방식으로 해결된다(이론상으로는 자유로운 접근이 추구되지만 국가 안보와 관련된 연구 등에서는 예외도 있다). 이때 소요 자금은 세금으로 조달된다. 새뮤얼슨(Samuelson) 해법이라고도 불리는 이 해법은 연방 또는 국가 차원의 연구 개발 연구소의 설립으로 구체화되었다. 이 연구소들은 농학과 고분자물리학 연구 사례에서처럼 연구 결과를 공개하고 이를 확산시킨다. 여러 분야들 사이에 어떻게 자원을 배분할 것인가는 국가가 결정한다. 이때 (유인과 접근 간의 ― 옮긴이) 타협은 민간 주체에게 제공해야 할 유인(인센티브 – 옮긴이)이 없다는 단순한 사실로 인해 제기되지 않는다.

두 번째 해법은 민간 주체가 국가 보조를 받아 지식을 생산하는 것이다. 이론상으로 볼 때 생산된 지식은 공공 영역에 놓여야 하며 가능한 한 널리 확산될 수 있어야 한다. 일명 피구(Pigou) 해법이라고 불리는 이 방법은 연구 대학(그 활동의 주된 부분이 연구인 고등교육기관 전체를 아우르는 일반용어)의 형태로 구체화된다. 대부분의 연구 결과는 사실상 공공 영역에 놓이며 임금과 보너스는 공공 자원에 의해 조달된다. 이때 연구 성과로부터 기대되는 수익을 배타적으로 보유할 수 없다는 사실에 의거해 유인과 확산 간의 타협이 이루어진다. 그러나 (출판의 형태로 이루어지는) 연구 결과의 확산은 오히려 명성이라는 자본을 형성하기도 한다. 그리고 이 명성 덕분에 당사자는 보조금, 수상, 계약 등을 획득할 수 있게 된다(5장 참조). 수익과 '명예라는 보상'을 획득함으로써 지식 확산이 지식의 점유 수단으로 기능하려면, 해당 발명 또는 발견의 명성이 최초의 공표자에게 부여된다는 '우선권 규칙'이 동반되어야 한다. 이 규칙은 지식의 확산을 보장함과 동시에 경쟁(경주, 토너먼트 시합 등) 환경을 조성한다. 공공재 생산에 적용되는 이러한 비상업적인 인센티브 메커니즘이 훌륭한 시스템이 될 수 있는 것은 확산과 유인 간의 조화를 도모하는 독특한 방식 덕분이다. 즉, 이 메커니즘은 배타적 보유를 동반하지 않는 일종의 사적 자산 또는 소유 형태를 만들어내며, 이 자산은 지식을 공표함으로써 생산된다. 요컨대 지식의 공표로 '개방된 과학'은 지식 생산을 위해 인센티브를 제공해야 한다는 것과 지식에 신속하고 자유롭게 접근할 수 있도록 보장해야 한다는 두 필요성 간의 갈등 관계를 소멸시켜버린다(Dasgupta and David, 1994; David, 1998).

이 두 해법은 서로 닮은 듯 보이나 실은 근본적인 차이점이 있다. 첫 번째 해법에서 지식 생산과 관련된 결정을 내리는 주체는 정부 부처들이며 연구자들은 이 결정에 따라야만 한다. 연구자들은 새로운 연구 영역을 개척하거나 어떤 아이디어를 채택 또는 포기하는 것에서 '자유롭지' 않다. 물론 이때 지휘부가 연구 활동을 통제해서 '주인—대리인'의 관계로 파악될 수 있는 첨예한 문제가 제기될 수도 있다. 그러나 위와 같은 구도에서 확립되는 연구의 직업적 맥락을 제대로 파악하기 위해서는 이 '자유의 부재'라는 측면을 기본적으로 고려해야 한다. 이와는 반대로 두 번째 해법에서는 민간 주체가 자유롭게 지식 생산에 대한 결정을 내리며 그 활동에 보조금도 부여된다. 이러한 공공자금은 주로 훈련과 교육 활동을 지원하는 형태로 이루어진다. 애로우(Arrow, 1962a)의 지적처럼 강의와 연구가 하나의 직업에서 수행되는 두 개의 활동이라는 점은, 우연히 발생한 일이지만 대단히 다행스러운 일이 아닐 수 없다. 이 덕분에 연구(이것은 지나치게 리스크가 크다) 결과에 좌우되지 않는 보상 방식이 시행될 수 있고, 보상이 규칙적인 강의 서비스에 의거해 계산되기 때문에 개인의 연구 능력도 유지될 수 있다.

세 번째 해법은 시장 메커니즘에 기반을 둔다. 앞서 지적한 바와 같이 지식이 공공재라는 규정은 지식이 제도로서의 시장과 무관하다는 것을 의미하지 않는다. 시장이 제대로 기능하려면 지식의 사적 점유가 보장되어야 하는데, 이 보장은 주로 특정 지식에 대한 사적 소유가 법적으로 규정되고, 귀속되며, 준수될 수 있어야만 가능하다. 이 경우 특정 지식을 보유한 사람은 원칙적으로 타인이 그 지식을 사용하지 못하도록 할 수 있으며 유통을 통제할 수 있는 권리가 있다. 대단히 불완전한 권리라 할지라도 (지식은 근본적으로 배제성을 가질 수 없는 재화이다) 작동할 수 있는 지식 유형들이 있다. 이 세 번째 해법은 앞의 두 가지 해법처럼 시장을 대체하는 것이 아니라 오히려 시장에 합당한 자리를 마련해준다. 또 나아가 주체들이 지식 활동에 투자하도록 만들기 위해 여러 가지 수단이 결합적으로 사용된다. 그 주요 수단으로는 민간 연구 개발에 대한 보조금 지원(및 세액공제), 대학에서 기업으로의 지식 전달 권장(기업에 대한 간접 보조금), 지적 재산권 등이다. 이 방법들은 민간 주체들이 (최선의 정보를 갖기 위해) 어떤 유형의 지식, 특히 혁신과 관련된 지식을 스스로 생산하도록 만들기 때문에 탁월한 해법이 되는 경우가 많다.

지식 확산의 상이한 목적과 관리 방식

요컨대 이 세 가지 해법은 각각 서로 다른 목적을 가진다. 첫 번째 해법의 목적은 국가적(또는 국제적) 중요성을 가진 과학적·기술적 목표의 달성이다. 두 번째 해법은 지식 스톡의 전체 규모를 증가시키는 데 그 목적이 있다. 세 번째 해법은 혁신 활동에 따르는 이윤의 극대화를 도모한다. 이처럼 목적이 서로 다르기 때문에 지식 확산을 위한 관리 방식도 다양하다.

첫 번째 해법에서 지식은 일반 규칙에 따라 확산된다(왜냐하면 비용을 지불하는 주체가 사회이기 때문이다). 하지만 예외(안전, 국방 등)도 많다. 두 번째 해법에서 지식의 확산은 앞서 설명한 바와 같이 '개방 과학' 시스템의 존재 이유다. 이 시스템은 지식의 확산과 점진성을 끊임없이 강화시키기 위해 규범을 만들고 실천해온 희귀한 시스템이다. 예컨대 다른 연구자들에게 보낼 목적으로 특정 분야에 관한 체계적인 상황 보고서를 작성하는 연구자는 다른 어느 곳에도 없다. 마지막으로 세 번째 해법의 일반 규칙은 지식 확산의 극소화가 되어야 논리적이지만 예외가 없는 것은 아니다(5장 참조).

하이브리드 구도

위에서 제시된 세 가지 해법에서 자금 조달 방식(공공·민간)과 지식의 공표라는 규범은 서로 일대일 관계가 아니다. 규범은 어떤 하나의 논리가 지배하는 상황에서도 달라질 수 있다. 다음의 〈표 7-1〉은 이러한 하이브리드 상황을 명료하게 보여주는 여섯 개의 구도를 정리한 것이다.

하이브리드 구도 중에서 가장 흥미로운 것은 다음 두 가지 경우다. 하나는 대학이 연구 결과를 상업화할 때 야기되는 지식 접근의 제한이라는 문제에 관한 경우이고, 다른 하나는 이와 대척되는 상황으로서, 민간 연구이지만 그것이 가진 어떤 논리가 막대한 파급효과를 창출하는 경우다. 이 두 가지 상황 모두 유독 유인 간의 균형이라는 문제가 부각되는데 이 점은 다음 8장에서 간략하게 살펴볼 것이다.

표 7-1   자금 조달 방식과 지식에의 접근 규칙 간의 상이한 결합들

접근 방식	지배적인 자금 조달 형태 민간 주체의 공공(민간) 자금 조달	공공 생산	민간 생산
공공 접근	연구 대학	민수용 연구 개발의 공공 연구소	기업 기반 연구 캠퍼스
민간 접근(제한적)	상업화 · 산학협력	방산용 연구 개발의 공공 연구소	기업의 연구 개발

자료: David(1993).

다양한 지식 유형에 적용될 수 있는 다양한 제도들

(경쟁 — 옮긴이) 시장에서는 지식의 생산 및 분배가 제한된 방식으로 그리고 불완전하게 시행될 수밖에 없다. 따라서 앞서 검토한 해법들은 시간과 더불어 발전되어왔음에도 불구하고, 지식의 생산과 분배를 불완전한 방식으로 보장할 수밖에 없다. 이 제도들의 불완전성은 내생적 진화에서 기인한 것이다. 즉, 이 제도들은 '대상이 되는' 지식의 유형, 그와 관련된 이해관계자들 및 그로부터 창출될 수 있는 수익 등에 따라 변한다. 각 제도의 역동성은 내재된 시장적 결함에 따라 그 성격이 규정되며, 사회적 후생의 측면에서 볼 때 반드시 최적 상태를 가져다주는 것은 아니다(뒤에서 다룰 지적 재산 시스템의 경우를 참조할 것).

이 해법들은 각각 지식 생산의 유인과 지식에의 접근이라는 상충된 목적 사이에서 이루어진 타협의 산물이다. 정도의 차이는 있지만 각 해법은 국가적 기여(민간 시장의 경우처럼 아주 미미한 기여에서부터 공공 생산의 경우처럼 아주 큰 기여에 이르기까지)에 기반을 두고 있다. 이때 왜

이 해법들 중 어느 하나가 다른 것을 밀어내고 지배적인 위치를 점하지 않을까라는 의문이 생길 수 있다. 다시 말해 이렇게 다양한 해법들이 공존하는 이유는 무엇일까?

이에 대한 근본적인 이유는 지식 유형의 다양성에서 찾을 수 있다. 각 유형의 지식들마다 최적의 제도적 해법들이 따로 있어서, 특정 지식 유형들에 합당한 제도들만 있을 뿐 모든 지식 유형을 대표할 수 있는 하나의 제도가 있는 것은 아니다.

2. 지적 재산권

지적 재산권이 지식의 생산과 분배를 관장하는 제도로 기능하기 위해서는 반드시 갖추어야 할 요소들이 있다. 바로 지식에 소유권을 부여하는 것과 소유권의 청구·승인·준수에 관한 방식을 설정하는 것이다. 지적 재산권의 목적은 저작물의 영구적인 정체성을 창조하고 거기에 특정한 저자 또는 창조자를 '소유자'로 결합시키는 데 있다. 이로써 이 소유자는 해당 지식의 유통을 통제할 수 있는 권한을 부여받게 된다. 가장 널리 알려져 있고 가장 많이 연구된 시스템은 법률에 기초한 지적 재산권이다. 또한 오랫동안 주목받지는 못했지만 오늘날 연구자들의 관심을 끌고 있는 또 다른 시스템도 존재하는데, 이 시스템은 법적 수단이 아니라 지적 재산의 승인과 준수에 관한 사회적 규범을 지키는 공동체의 위력에 기반을 둔다.

지적 재산권의 정의

지적 창조물에 대한 소유권을 청구·획득·준수할 수 있도록 구상된 법적 장치들 중에서 특허와 저작권은 언제나 특별 취급을 받아왔다. 특허가 발명품과 '유용성 있는' 창조물을 보호하기 위해 만들어졌다면 저작권은 예술적·문학적 저술을 보호하기 위해 구상되었다. 즉, 양자의 차이는 '유용성'과 '심미성'에 있다. 하지만 지식기반경제와 더불어 발명의 새로운 영역들(소프트웨어, 멀티미디어)이 출현하면서 저작권은 산업과 서비스의 세계 속으로 들어오게 되었다. 주요 지적 재산권들의 정의는 다음과 같다(아래 상자글 〈특허·저작권·상표〉 참조).

특허·저작권·상표 ◆◆

특허는 '발명'이 이루어지는 공간은 물론 시간과 지리적 공간에도 적용되는 소유 증권이다. 특허를 출원하는 행위는 청구 관련 서류 일체를 작성하면서 자신의 발명품이 보호되어야 할 영토를 지정하는 것이다(특허는 각 국가에만 적용되며 여러 나라에서 동시에 적용될 수 있는, 말 그대로 국제 특허란 없다 — 옮긴이). 특허청이 출원의 타당성 여부를 심사하며 문제가 없을 경우 특허를 승인한다. 출원된 특허를 심사하는 과정에서 특허의 타당성 여부를 판정하는 기준으로는 새로움, 발명적 도약, 산업적 응용 등이 있다. 또한 국가와 협정에 따라 특허 대상에서 배제되는 분야가 있을 수 있다[예컨대 사업 방법(business model)의 경

우 유럽에서는 특허 출원 대상이 아니지만 미국에서는 대상이 된다]. 국가에 따라 새로운 발명품임을 '증빙'하는 방식도 다른데, 특허청에 서류가 먼저 도착한 것(first to file)을 기준으로 삼기도 하고 최초 발명자(first to invent)라는 사실을 기준으로 삼기도 한다.

특허를 출원하는 사람은 일정한 요금(tax)을 지불하고 해마다 권리 연장을 위한 요금을 내야 한다. 권리는 출원 등록 시점부터 20년까지 보장되며 그 이후에는 권리가 말소된다. 따라서 특허를 실제로 활용할 수 있는 기간은 법적으로 정해진 기간보다 짧다.

특허 출원 서류를 제출하고 나면 특허청이 내용을 심사하면서 있을 법한 항의나 반대를 처리한 후 최종 승인 여부를 결정한다. 이 모든 과정은 소유권을 규정하고 한계를 설정하는 데 핵심 사안이다. 또 이 과정들은 지적 재산으로 기대되는 미래 수익과 이렇게 구축된 권리의 견고성은 물론, 궁극적으로 시스템 전체의 효율성과 시행 가능성을 결정하는 데 대단히 중요하다. 이것은 혁신 그 자체로 특허가 되는 경우가 드물기 때문에 더욱 중요하다. 특허 출원자의 전략과 특허청의 해석에 따라 여러 혁신들을 포괄한 특허가 되거나, 이와 반대로 여러 특허들 속에 혁신이 분산되어 있을 수도 있다. 이처럼 (추가 비용의 발생이나 분쟁의 발생 등으로 — 옮긴이) 특허와 혁신이 내용상 일치하지 않을 경우, 혁신의 역동성이 둔화되거나 심지어 봉쇄되는 결과가 초래될 수 있다.

특허를 부여함으로써 발생하는 반대급부도 있다. 다른 전문가들이 발명을 재현할 수 있을 정도로 완벽하게 기술 정보를 공표하는 것이다. 이 공표(발명의 이용에 관한 지침들 전체를 포함해)는 발명가의 권리와 사회적 이익 간의 균형을 달성할 수 있는 기본 조건이다. 하지만 이 공표 의무가 다른 사람이 그 발명을 자유롭게 이용할 수 있음을 의미하지는 않는다. 왜냐하면 특허란 다른 사람을 그 사용에서 배제시킬 수 있는 권리이기 때문이다. 간단히 말해 다른 사람들은 정보만 제공받고 그 정보를 감안해 자신의 향후 연구 계획을 구상할 수 있을 뿐이다.

저작권은 저작물을 하나의 총체(저작 인격권)로 보호하는 제도로서 저작자를 그의 아이디어(기법, 감정, 영감)가 표현되는 형태(재산권)의 복제 또는 유사물로부터 보호한다. 저작권을 획득할 때에는 납본의 의무도 조사의 의무도 지지 않는다. 보호는 즉각적이고 무상으로 시행되며 출원 관련 서류를 제출할 필요도 없다. 저작권을 획득한 순간부터 최소 저자 사후 70년*까지가 저작권 보호 기간이다. 저작권은 공표라는 반대급부가 없는 권리다(반대급부를 설정할 필요가 없는 것은 예술가, 음악가 또는 저술가의 활동 자체가 바로 그의 저작물 노출이기 때문이다). 하지만 저작권자가 기업에 들어가기 위해 예술계나 문학창작의 세계를 떠날 경우에는 반대급부가 없다는 점이 문제가 된다. 왜냐하면 이 경우, 해당 기업은 원천 코드의 공표라는 의무를 수행하지 않고 그의 소프트웨어를 보호해줄 재산권을 획득하는 셈이기 때문이다. 고대 이후 처음으로 사적 소유와 비밀이 양립하게 된다.

저작권은 그 성격상 발명품을 보호하는 데에는 적합하지 않다. 경쟁자들이 저작권을 침해하지 않는 범위 내에서 단지 표현만 약간 바꿔서 아주 흡사한 제품을 개발할 수도 있기 때문이다.

브랜드는 색깔, 콘셉트, 포장, 음악 등 하나의 요소를 매개로 특정 제품과 창조자를 연결시킬 수 있다. 브랜드는 무제한적 보호를 제공하기도 하지만 발명품을 잘 보호해주지는 못한다.

특허의 경제적 효과

특허는 보통 혁신을 하도록 자극하는 인센티브 메커니즘의 하나로 간주되며, 발명가를 모방 행위로부터 보호하고, 가격이 한계비용으로 수렴되도록 만들 수 있는 가격 경쟁으로부터 발명가를 보호한다(지식에서 한계비용은 무시할 만한 수준이다(111쪽 상자글 〈새로운 지식, 혁신 및 가격 형성〉 참조). 즉 특허권자에게 독점의 지위를 부여해준다. 이 덕분에 발명자는 오직 수요 제약만 감안해 가격을 설정할 수 있다. 하지만 당연히 소비자들은 (훨씬) 더 높은 가격으로 생산물을 구매할 수밖에 없는데, 이 때문에 일부 소비자들이 생산물 소비에서 배제될 위험도 존재한다. 지식의 한계비용이 제로에 가까울 정도로 미미하기 때문에

◆ 원서가 발행될 당시인 2009년에는 저자 사후 50년까지가 저작권 보호 기간이었으나, 2013년 7월 1일 '저자 사후 70년'으로 개정되었기에 수정하였다. ─ 옮긴이

그림 7-1　특허 유무에 따른 가격 형성

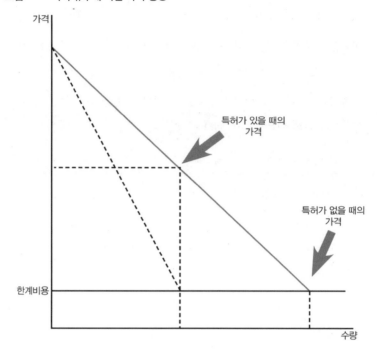

독점가격을 설정하면 사회적 순손실이 발생한다. 〈그림 7-1〉은 이러한 사실을 보여준다.

　따라서 '혁신 자극'이라는 특허의 동태적이고 긍정적인 효과는 해당 (무시할 만한 수준의 재생산 한계비용을 가진) 재화의 독점가격 형성이라는 부정적인 효과로 상쇄된다. 물론 다른 긍정적인 효과들도 있다. 앞서 언급한 것처럼 기술 진보 현황에 관한 정보를 제공해준다는 측면에서 일반적인 효과가 있고, 스타트업들이 투자자를 유인하는 데 도움이 될 수 있다는 좀 더 특수한 효과도 있다. 또한 특허는 전달이 가능하며

표 7-2　특허가 혁신과 경쟁에 미치는 편익과 비용

특허의 효과	편익	비용
혁신에 대해	·연구 개발 유인 ·양도 가능한 권리(확산)	·아이디어와 지식의 결합 방해와 그에 따른 후속 혁신의 거래 비용 증가
경쟁에 대해	·한정된 자산을 가진 새로운 기업의 진입 ·신호	·경우에 따라 장기화될 수 있는 일시적 인 독점

자료: Hall(2001).

양도될 수 있는 권리를 창조한다. 여기서 중요한 것은 특허의 핵심 특
질이 '유동성'을 창조함으로써 기술 시장의 작동 기반을 형성한다는 점
이다(8장 참조). 요컨대 특허의 기능은 배제와 보호에만 한정되지 않으
며 혁신 활동에 관한 잠재적인 정보를 제공한다. 또한 특허는 혁신 활
동 간의 조정을 개선시킬 수 있는 메커니즘이다.

　다른 많은 경제적 메커니즘과 마찬가지로 특허에도 딜레마가 존재
한다. 특허가 혁신자를 지원하는 메커니즘으로 기능하는 만큼 후속 혁
신이 저해될 수 있다는 점이다. 왜냐하면 특허는 보호된 지식과 다른
요소들을 결합함으로써 더 멀리 나아가려는 혁신자들의 거래 비용을
증가시키기 때문이다. 경쟁의 측면에서 보면 특허는 한정된 자산을 가
진 새로운 기업의 진입을 용이하게 만듦과 동시에 일시적인 독점의 지
위를 만든다(〈표 7-2〉 참조).

현행 경향들

　특허와 관련해 새롭게 나타난 현상들이 있다. 특허 출원 수의 엄청

난 증가, 안정된 승인율(67%), 이에 따른 연간 승인 특허 수의 막대한 증가(이는 모든 국가들에서 나타난다), 특허의 복잡성 증대(특허 출원 수 측면에서), 기업에 의한 특허의 전략적 활용의 일반화, 분쟁 가능성 증대(특히 미국에서), 그리고 과학적 연구의 성격을 띠는 특허의 범람 등이다. 이 책에서 이 모두를 다룰 수는 없기에 미국에서 연간 35만 건의 특허 출원이 있었지만 이것이 35만 건의 혁신을 의미하는 것은 아니라는 점만 강조해두겠다. 특허 출원 건수가 폭증한 원인으로 '기업의 전략적 행동'에 주목한 연구도 있다(Hall, 2004). 기업의 전략적 행동은 늘 존재해왔던 것이지만 최근 들어 몇몇 주요 산업들에서 더욱 지배적인 행동으로 부상했다. 기업이 특허를 가능한 한 많이 획득하려는 이유는 특허가 법적 분쟁 시 교환 통화로 사용될 수 있고, 타 기업들과의 세력 격차를 창조하며, 새로운 경쟁자들에게 진입 장벽이 될 수 있기 때문이다. 기업의 이러한 전략적인 특허 활용은 각국의 특허청들이 지적 재산권 부여라는 기본 사명을 수행하면서 드러낸 결함에 의해 더욱 용이해졌다(Jaffe and Lerner, 2004). 새롭게 등장한 분야에서도 특허 획득이 가능하게 되자 특허청들이 신기술이라면 '빗장을 열어주는' 경향을 보였고, 이로 인해 특허청의 경험 부재라는 문제가 부각되었기 때문이다.

많은 영역에서 특허가 난마처럼 얽히게 되자 혁신에 일종의 세금을 징수하는 결과가 나타났다. 사태가 이렇게 되자 거래 비용을 줄일 목적으로 교차 라이선스나 특허 풀 같은 방식으로 민간 지식 요소들을 최소의 비용으로 재결합하려는 경향도 나타났다. 하지만 비용이 지나치게 많이 들어 이러한 방식을 시행할 수 없는 경우들도 있는데, 특허가 범용 지식이나 기초 지식에 관한 것일 때 특히 그러하다. 이처럼 보호된 지식들이 통합·결합될 가능성이 사실상 사라질 정도로 특허들이 중첩된 상황을 지칭하는 '반(反)공유재'라는 개념이 만들어지기도 했다(Heller and Eisenberg, 1998). 이것은 각 기업이 전체 지식 데이터베이스의 극히 일부에 지나지 않는 지식을 가지고 있을 뿐이어서 홀로 혁신을 전개하기는 어렵지만, 그 보유 지식량만으로도 다른 기업들의 혁신 시도가 저지될 수 있는 상황을 말한다.

과도한 특허 취득 활동, 교차 라이선스의 집중 시행, 지적 재산권을 둘러싼 공격적인 전략, 과학적 지식의 사유화 등이 새로운 균형의 특징이다. 기존 균형의 특징으로는 좀 더 온건하고 절제된 방식의 특허 관련 실천, 타 기업과 지식을 교환함으로써 지식의 누설을 용인하는 것, 거대한 공공 영역 등이 있다. 새로운 균형이 기존 균형보다 성장과 복지에 더 유리하다는 보장은 전혀 없다. 기존의 균형은 거래 비용을 감소시키는 것으로 보이는 반면, 새로운 균형은 혁신과 새로운 지식의 생산이라는 측면에서 더 우월한 것으로 보이지 않기 때문이다.

규범에 기반을 둔 지적 재산권

최근 문헌(Fauchart and Hippel, 2008; Loshin, 2007)들은 법률에 의거하여 규칙의 준수가 강제되는 것이 아니라 규칙 위반자와 잘못된 행동을 찾아내 처벌하는 직업 공동체의 능력에 기반을 둔 지적 재산권의 형태들을 분석한다. 이 형태들은 상당히 특수한 상황(요리사, 마술사 등)에서 그 장점을 제대로 발휘하는 것으로 보인다. 대개 이런 특수한 상황에서는 공동체 회원 모두가 간단한 규칙을 세우고 이를 준수하기 때문에 창조자는 자신의 저작물 유통을 실효적으로 통제할 수 있다. 이들의 규칙 중 하나는 "개인적으로 알게 된 비밀을 회원이 아닌 다른 사람에게 털어놓아서는 안 된다"라는 것이다. 통상 서적(요리책과 마술책)으로 출판되는 '대중적 지식'과 비밀을 구별하는 것은 상기와 같은 유형의 지적 재산권을 작동하는 데 중요한 요소다. 따라서 이 시스템은 비공식적이고, 코드화되지 않으며, 유연하고, 비용이 거의 들지 않는다. 또한 상대적으로 저작물만의 항구적인 정체성을 구축하고 저작자가 유통을 통제할 수 있도록 하는 시스템이 효율적으로 작동된다. 그러나 이 시스템이 가진 취약성도 명백하다. 합리적으로 따져봤을 때 공동체 규모가 커지고 국제화될수록 이러한 시스템은 올바로 작동하기 어렵다. 따라서 해당 활동이 속한 경제에서 발명과 창조를 사적으로 점유하는지의 문제가 핵심 사안이 아닌 경우에만, 이러한 시스템이 제대로 작동한다고 가정할 수 있다.

3. '개방 지식' 체제

지식의 생산과 점유를 조직하는 형태들에서 지식 유통의 집단적·공공적 공간의 보존을 핵심 목적으로 삼는 일군의 형태들을 식별하고 규정해낼 수 있다. 이 새로운 모델은 지식에 대한 자유로운 접근과 분점이라는 규칙을 기반으로 지식 생산과 혁신을 지향하는 신속한 협력 과정이라는 특징이 있다. 5장에서 언급한 이 모델들의 경제적 장점을 고려해보면, 이 모델들이 개방 과학적이며 과학적 제도에 단단하게 뿌리내리고 있음을 알 수 있다(Dasgupta and David, 1994). 한편 이 모델들은 일종의 '방목' 형태를 취할 수도 있는데, 이는 서로 다른 조직에 소속된 사람들이 모여 협동으로 작업하는 것을 말한다. 사람들은 정치적·윤리적 열망이나 상보성을 기대해 협동으로 작업하기도 하며 공동 작업을 통해 다른 방식으로는 획득할 수 없는 규모의 경제와 '임계치(critical mass)' 효과를 통한 수익 창출을 기대하기도 한다. 분명한 것은 이러한 조직 형태가 순전히 과학적인 프로젝트와 소프트웨어 개발 프로젝트 영역에 국한되지 않고 수적으로 많이 늘어났다는 점이다. 이는 정보통신기술 덕분에 '온라인' 협력이 가능해져, 프로젝트의 생산성이 상당히 증가되었기 때문이다. 이 조직 형태는 정태적 효율성과 동태적 효율성이 조화를 이루어서 경제학자들의 눈길을 끌었다. 지식 창출을 강력하게 유발하면서 풍부한 '파급효과'를 창출하는 시스템이 출현한 것이다(Hippel and Krogh, 2003).

이처럼 분권화되어 있고 지식의 해방과 양립될 수 있는 유인(명성, 상보성)을 구축한, 심지어 자발적인 메커니즘에 기반을 둔 개방 지식 체제가 가능한 상황들이 있는 반면, 국가가 지식 해방의 대가로 일정한 가격을 지불함으로써 개방 지식 체제의 발전을 자극하는 경우도 있다. 후자의 사례로 '파브리크 리오네즈(fabrique lyonnaise: 프랑스 리옹에 있었던 견직물 공장의 이름 ─ 옮긴이)'를 들 수 있다(Foray and Hilaire Perez, 2006). 이 공장에서는 직공들의 발명품에 가격이 매겨졌는데, 그 액수는 발명품의 가치뿐 아니라 그 발명을 교육하고 확산하는 데 드는 노력도 감안해 산정되었다. 이 시스템은 결과적으로 높은 혁신율을 가져다주었고 그 수준은 특허 메커니즘이 강제되었던 런던 소재 경쟁 업체의 혁신율보다도 높았다.

개방 지식 체제가 가진 이점은 많다. 무엇보다 규모 또는 임계치를 획득한다는 점은 다른 조직 형태에서 기대하기 어려운 것이다. 게다가 조정 메커니즘 관련 비용이 상대적으로 적게 든다는 이점도 있다(Rai, 2006). 또 다른 중요한 이점은 '권리가 없는' 공간의 규정으로, 이것은 사적 소유권을 배분하는 데 비용이 아주 많이 드는 영역(데이터베이스, 연구 도구, 소프트웨어)에서 확실히 이점이 된다. 그러나 부정적인 측면도 그에 못지않게 막대한데, 조직이 위기에 빠질 경우 이러한 조정 메커니즘의 미흡성이 즉각 드러날 수 있다는 점이 그러하다. 소수의 개인이 프로젝트에서 중심 역할을 도맡아 한다는 것도 취약한 요소다. 소수 개인의 권위가 약하거나 조기 탈퇴에 대한 처벌이 결여되어 있을 경우 프로젝트의 포기로 이어질 수도 있다. 마지막으로 이러한 조직 유형에서는 상업화 단계까지 개발이 이어지도록 밀어붙이는 유인이 감소될 수 있다.

4. 경계선상의 문제들

　유명한 직공 발명가였던 자카르(Jaccard)도 처음에는 '파브리크 리오네즈'의 규칙을 준수했다(Foray and Hilaire Perez, 2006). 그는 공공 영역에서 자신이 발명한 것의 사용법을 가르쳤고 일정한 대가를 수취했다. 그러나 얼마 지나지 않아 자신이 제대로 대접받지 못하고 있다는 생각이 들자 파리에 특허를 출원해야겠다고 결심했고, 리옹에서 도망치려 했으나 리옹 경찰에 체포되어 되돌아올 수밖에 없었다. 이 유명한 에피소드는 두 가지 시스템(사적 소유 시스템과 공공 영역 시스템)이 인접해 있거나 심지어 섞여 있을 때 발생하는 경계선상의 문제들을 은유적으로 드러내주는 좋은 사례다. 소유권이 보장되지 않는 공간의 창조에 기반을 둔 협동 생산 시스템이 가진 취약성은, 더 좋은 보상 조건을 가진 지식 점유 논리가 기존 제도 안에서 '실행 가능'해질 때 더 잘 폭로된다. 이때 전통적인 방식으로 제공되어온 인센티브는 갑자기 불충분한 것으로 생각되며 개방적이고 협력적인 행동의 질이 급격히 악화된다(Cockburn, 2006). 바로 이러한 점 때문에 단일한 조직 내에 여러 문화와 인센티브 시스템이 섞여 있는 것은 좋지 않다(이는 상호작용의 극대화라는 바람직한 목적을 달성하기 위해 협력해야 하는 경우에서도 마찬가지다. 애초에 경제주체들의 행동이 상이한 점유 논리에 의해 관장되기 때문이다). 조직들을 분리해서 유지하는 것(각 조직은 특정한 단일 점유 논리에 집중하면서 조직 간의 좋은 연결을 조장할 수 있는 조건들을 발전시키려고 노력하는 것)이 더 나은 선택으로 보인다(Aghion et al., 2008).

5. 접근과 유인의 더 나은 타협을 위한 낡은
     메커니즘의 '쇄신'

  지적 재산권은 최선의 경우에도 최악의 경우에도 강제되어왔으며
심층과 표층 모두에 닻을 내리고 있다. 지적 재산권이 '심층에 닻을 내
리고 있다'는 것은 지식경제에서 불가결한 것으로 만들어주는 새로운
기능들을 지적 재산권이 독차지하는 것을 의미한다. 그리고 '표층에
닻을 내리고 있다'는 것은 WTO 회원국 전체에 법적·행정적 표준
[TRIPS 협정: 무역 관련 지적 재산권(Trade-Related Aspects of Intellectual
Property Rights) 협정]이 강제됨을 뜻한다. 지적 재산권이 새로운 나라
들[이전에는 몇몇 부류의 생산물(예컨대 의약품)에 대해 지적 재산권을 인정
하지 않아 이것들을 자유롭게 복제하거나 생산해왔던 나라들]로 확장되면서
지식 접근의 문제가 심화되었다. 이 문제는 극빈국들이 가입에 대비할
시간을 갖도록 마련된 TRIPS 협정의 잠정적인 유보 조치가 만기되고
상기 표준이 적용되기 시작했을 때 유달리 두드러졌다. 그 결과 지식
과 혁신에 접근하는 데 있어 전례 없는 위기가 조성되었다. 이에 따라
경제학자들은 수요의 가격 탄력성이 아주 높은 상황에서 TRIPS와 양
립 가능하면서도 유인과 접근 간의 균형을 최대한 보장해줄 수 있는
새로운 접근 메커니즘을 구상하고 있다.

접근 문제를 해결하기 위한 메커니즘

가격 차별화는 소비자들의 구별을 바탕으로 한다. 예를 들어 수요의 가격 탄력성이 큰 소비자에게는 아주 낮은 가격을 적용하고, 수요의 가격 탄력성이 작은 소비자에게는 독점가격을 적용하는 것이다. 이러한 차별화로 생산자의 투자 유인이 감소하지도 않고 제일 비싼 가격을 치르는 소비자가 누리는 해당 재화의 가치도 감소하지 않는다면, 이는 효과적인 해법이 될 수 있다(예컨대 일등석 기차표에는 이러한 가격 차별화가 적용되지 않을 것이다). 일반적으로 가격 차별화는 소비자의 후생을 증가시키면서 기업이 더 많은 이윤을 실현할 수 있게 해주는 것으로 알려져 있다.

의무 라이선스란 특허받은 발명품을 지식 소유자의 동의 없이 사용할 수 있는 라이선스로, 정부가 획득하는 승인이다. TRIPS 협정에는 이 라이선스 획득에 앞서 반드시 (보건상의 이유와 같은 위급한 경우를 제외하고) 지식 소유자와 협상해야 한다고 명시되어 있다. 의무 라이선스는 한시적인 것으로서 국내 시장에만 적용되며 그 소유자는 충분한 보상을 받아야 한다. 또 라이선스 보유자인 정부는 경쟁 베이스에서 (독점적 지위를 행사하지 않고, 즉 다른 유사 제품의 생산 및 판매에 관여하지 않고 — 옮긴이) 해당 제품의 제조와 판매를 시작하고 한계비용에 근접한 가격을 제시할 수 있다. 따라서 의무 라이선스는 접근과 유인 사이에 격렬한 긴장이 나타나는 특정한 상황들에서만 적합한 해법이다.

특허 매입은 발명가에게 일정한 경제적 보상을 제공하고 발명품을 공공 영역으로 옮기는 것이다. 이 메커니즘은 한 역사적 사례에서 영감을 받은 크레머(Kremer, 1997)에 의해 제시되었다. 1837년에 사진 기술을 발명한 다게르(Louis Daguerre)는 자신의 특허를 어떻게 상업적으로 활용할 것인가라는 문제에 부닥쳤다. 그의 친구이자 학술원 회원이었던 아라고(Francois Arago)는 정부에 특허를 매각해, 새로운 지식을 공공 영역으로 옮기자고 설득했다. 정부가 특허를 매입한 후부터 이 기술은 빠르게 확산되었고 새로운 경제활동이 활성화될 수 있었다. 이러한 보상 메커니즘이 아주 적합해 보이는 특정 부류의 생산물도 있는데, 발명의 가격을 설정할 때 그 가치 평가가 주요 문제가 되는 경우가 그러하다. 가격은 발명의 사회적 가치에 근접한 수준이어야 하지만 사회적 가치란 본질상 관찰될 수 없는 것이다. 그래서 크레머는 경제주체들이 어떻게 발명품의 가치를 생각하는지, 그 평가를 드러내기 위해 일종의 경매 메커니즘을 제안했다. 요컨대 '특허의 매입'은 유인과 접근 간의 독창적인 타협의 결과인 셈이다. 이 방법이 가진 또 다른 이점은 (연구 개발 보조금과는 정반대로) 발명이 완성되기 전까지 공공자금이 단 한 푼도 지출되지 않는다는 점이다.

비수익 영역에서 지식 창출을 자극하는 메커니즘

끝으로 중요하지만 수익성이 없는 영역에도 자원이 투입될 수 있도록 구상된 일련의 새로운 도구들이 있다. 여기서는 유독 소홀히 다루어지고 있는 질병들(특히 빈국들에서 수많은 사람들이 걸리는 질병, 전 세계로 봤을 때 극소수의 사람들만 걸리는 이른바 '고아' 질병 등)이 대상이다. 그러나 후속 세대가 겪게 될 향후 문제에 관한 해법을 모색하는 연구에도 동일한 문제의식이 적용된다. 사람들 사이에서 경시되는 질병에는 지적 재산권과 같은 유형의 해법이 작동하지 않는데, 지적 재산권은 지불 준비가 된 시장이 존재할 때에만 비로소 의미를 갖기 때문이다. 연구 보조금을 제공하는 것과 같은 다른 해법도 있지만, 이는 연구뿐만 아니라 생산물(백신)의 개발과 최종 판매도 제대로 수행되어야 하는 경우에는 상당히 불편하다.

이에 크레머(Kremer, 2000)는 시장을 '인위적'으로 창조할 것을 해법으로 제안했다. 즉, 일단 혁신 제품이 완성되면 공공 당국이 그것을 일정 가격에 매입하는 것이다. 오래전부터 각국 정부가 전략적인 영역을 대상으로 '사전' 가격을 제시함으로써 혁신을 조장해왔기 때문에, 이 역시 역사적인 영감의 산물로 볼 수 있다.

6. 소결

이 장에서는 지식경제의 기본적인 대상들을 다루었다. 기술적 기회와 수요함수가 쉴 새 없이 변하고 지식의 사유화 체제가 널리 시행되는 세계, 한마디로 지속적인 변화에 처해 있는 세계에서는 낡은 제도들이 더 이상 유인과 접근 사이에 만족스러운 타협을 제공할 수 없게된다. 그러므로 현실의 과학적·기술적 가능성들을 활용하고 불가결한 혁신의 움직임을 자극할 뿐만 아니라, 공동 지식 스톡과 민간 지식에 대한 접근을 보장할 수 있는 새로운 메커니즘을 '디자인'하는 것이야말로 연구 대상이자 공공정책의 목적이 되어야 한다. 몇몇 경제학자들[특히 랜주(Lanjouw)와 크레머(Kremer)]에 의해 구상된 해법들에 결함이 전혀 없는 것은 아니지만 분명 관심을 끄는 사례들이며, 경제학자라는 우리의 직업을 영광스럽게 만들어주는 것들이다.

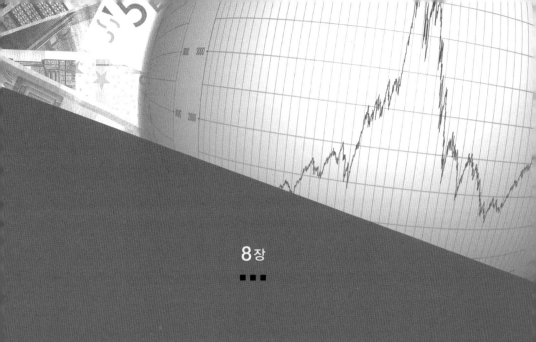

8장
∎ ∎ ∎

혁신 기업의 지식 관리 전략은
무엇인가?

이 장에서는 혁신의 불확실성과 우연성을 감소시킴으로써 혁신을 정상적인 사건이자 일상적인 활동으로 다루려 할 때 제기될 수 있는, 기업 전략의 쇄신이라는 문제를 혁신의 관점에서 다룰 것이다. 이러한 상황에서는 지식 관리가 새로운 조직 실천에서 핵심 요소가 된다.

1. 혁신의 일상화와 기업 전략

사실 독과점 경쟁 형태에서는 독창적인 혁신을 이루기보다 규칙적인 혁신 흐름을 확실하게 유지함으로써 장기간에 걸쳐 유의미한 이윤을 획득하는 방식이 더 중요하다. 따라서 혁신을 일상적인 활동, 즉 기업의 전 생애에 걸쳐 통상적으로 일어나는 사건으로 다루어야 할 필요가 있다. 즉, 모든 성공적인 혁신 속에 내포되어 있는 우연성의 비중을 줄여야 한다. 보몰(Baumol, 2002)이 '혁신의 일상화'라 불렀던 것도 바로 이것이다.

혁신이 일상적으로 이루어지는 상황에서는 이른바 '개방된 혁신' 모델이 불가피하다. 이 모델은 기업이 기술을 개선하려 할 때 사용하는 모델로서, 기업 내부에서 생산되는 것 못지않게 중요한 외부 아이디어와 지식에 대한 접근을 최적화하려는, 일군의 새로운 기업 혁신 방법들을 집결시킨 것이다.

이 모델은 기업과 대학 간의 관계, 그리고 기업과 사용자 간의 관계에 대한 문제의식을 새롭게 조명한다. 또한 이 모델은 2장에서 언급했던 구조 변화, 특히 기술 시장의 작동 및 운영 방식과도 관련이 있다.

대학과 산업 간의 관계

혁신의 관점에서 본 대학과 산업 간의 보완성은 대학의 기본 사명에서 '자연스럽게' 도출된다. (대학에서 이루어지는 — 옮긴이) 기초연구는 응용 연구의 효율성을 증대시키고(3장 참조) 연구에서 쌓은 숙련도는 산업적 연구 개발의 수익성을 증대시킨다. 왜냐하면 이를 통해 기업들은 인적 자본(학위)을 선별하고 선택하는 데 효율적이고 값싼 메커니즘을 제공받기 때문이다. 그러나 대학은 오래전부터 기초연구와 인력 양성이라는 이중의 기능 외에도, 기술 변화와 혁신에 따른 문제를 기업과 협력해 해결하는 산업 지원(즉 산학협력 — 옮긴이)이라는 세 번째 기능을 부가적으로 실행해왔다. 이미 100여 년 전부터 몇몇 대학을 '기업과 관련 있는 기관'으로 만들기 위한 독특한 메커니즘들[산업발전위원회(comité d'orientation industrielle), 협동강좌 프로그램, 기업 자금 지원 연구소]이 존재해왔으며(Lecuyer, 1998), 지식 집약 활동의 팽창과 더불어 그 역할이 증대되어왔다. 기업 입장에서 혁신이라는 지상과제에 부응하기 위해 지식을 동원하고 재결합하는 것은 대학과 더욱 긴밀한 관계를 맺는 것을 의미한다. 또 기업과 신뢰할 만한 파트너 관계를 계속 유지하기 위해 대학이 더욱 '수용적인' 태도를 보여야 함을 의미한다. 물론 대학과 상대적으로 일정한 거리를 두면서 대학을 기업의 혁신 과정에 필요한 지식의 주요 원천으로 생각하지 않는 기업도 있다

(Cohen et al., 2002). 그러나 대학이 지식 공급자로서 결정적으로 중요한 역할을 하는 산업들이 점차 늘어나고 있는 것만은 확실하다.

분업 및 전문화의 문제

데이비드와 멧커프(David and Metcalfe, 2008)가 대학과 산업 간의 분업이 가진 장점에 대해 강력하게 표명했던 논지는 상기할 만한 가치가 있다. 이 논지에 따르면 발명은 그 자체로 혁신인 것은 아니며 혁신에 필요한 지식을 구사하는 것이 혁신의 일등 공신임을 의미하지도 않는다. 왜냐하면 혁신을 제대로 수행하려는 사람에게는 다른 지식도(시장, 상업 조직, 투입 요소들의 입수 가능성 등에 관한 지식) 많이 필요하기 때문이다. 그러나 이 영역들에서는 대학이 부차적인 행위자일 수밖에 없다(Henderson et al., 1998). 따라서 데이비드와 멧커프는 서로 다른 사명과 과업에 특화된 두 제도 간의 분업이 중요하다고 주장한다. 이 분업은 대학이 혁신의 상업적 세계로 진입해 몇몇 시장에서 기업의 경쟁자가 되도록 만드는 유인을 늘리는 데 목적이 있는 것이 아니라, 오히려 대학의 발명 능력을 제고하고 산업과 더 잘 연계되도록 만드는 데 목적이 있다. 분업은 이점이 많은 좋은 것이라고 알려진 반면, 전문화는 '경계선'에 관한 문제를 야기할 수 있다. 이 '경계선' 문제는 협력 및 혁신 관련 문제들의 집단적 해결에 대한 유인과 장애에 관한 것이다.

이 문제들은 근본적으로 기업과 대학이라는 두 세계가 지식을 생산하고 활용하는 방식과 그 '파급효과'를 관리하는 방법이 사실상 전혀 다른 보상 및 유인 구조에 의해 결정된다는 점에서 비롯된다(7장 참조). 이러한 차이점을 그대로 유지하면서, 즉 이 두 실체의 구성원들을 하나의 조직으로 통합시키되 동질화하지는 않으면서, 더욱 강력한 상호작용이 유발될 수 있는 조건을 만들어내기란 쉬운 일이 아니다.

또 이때 중요시해야 할 것은 기업 스스로 경영상의 새로운 실천을 시행해야 한다는 점과 기업 자체의 흡수 능력과 '외부 조직' 활용 방법을 개선하기 위해 자사 소속 연구원 중 누군가는 이중간첩의 역할을 하도록 만들어야 한다는 점이다. 이와 관련해 코번 등(Cockburn et al., 1999, 2004)은 이제 기업에서도 수행되는 과학 기반 연구 개발(3장 참조) 활동이 단지 일군의 과학적인 도구와 방법뿐만 아니라 인적 자원 관리와 유인의 새로운 실천들에 의해서도 식별된다고 가정한다. 그리고 이 새로운 실천들은 기업에 소속된 연구자들이 학술 연구 네트워크에서 중심적인 위치를 차지하도록 만드는 데 목적이 있다.

사용자와 산업 간의 관계

혁신을 결정하는 행위자로서 사용자의 역할이 증대되고 있다는 점은 3장에서 언급한 바 있다. 열정적인 사용자 집단은 영향력 있는 규모의 공동체를 만들어 특정 제품이 개선되도록 자극한다. 그러나 이들이 할 수 있는 일은 관리자에게 개선 사항을 전달하는 것뿐이다. 100여 명의 연구 개발 엔지니어로 구성된 '공식적인' 연구실과는 별개로 수천 명에 달하는 '천재적인 아마추어들'이 제품의 수정 버전을 개발하고, 정보를 교환하며, 문제 해결을 위한 경진대회까지 개최한다고 가정해보자. 또 그들이 이 모든 것을 여가 활동의 일환으로 한다고 가정해보자. 이 사실을 알고 있는 관리자가 할 수 있는 일은 무엇일까? 기업은 학술적인 과학 단체와 맺는 관계에서처럼 사용자 공동체와의 관계에서도, 이 공동체에 침투할 요원을 고용하는 일밖에 없지 않을까?

오늘날 기업에는 사용자의 역할과 관련해 두 개의 서로 다른 전략이 불가피해 보인다. 하나는 기업이 리드 유저(lead users: 시장 트렌드를 선도하는 사용자 — 옮긴이)를 찾아내기 위해 애쓰는 것이다(Hippel, 2007). 리드 유저는 욕구를 '누구보다 먼저' 표명하는 존재이기에, 그들의 욕구를 충족시키는 해법이라면 고수익을 가져다줄 수 있다고 생각한다. 리드 유저는 기업에 (아직 미약하게 표현되고 있을 뿐인) '미래 수요에 어떻게 부응할 것인가에 관한 중요한 정보를 생산할 일종의 실험실'을 제공하는 것과 마찬가지다.

상업 기업이 사용할 수 있는 또 다른 전략은 사용자들의 요구가 너무 특수하고 복잡해서 명확하게 진술하기 어렵기 때문에 효과적으로 답할 수 없다고 인정하는 것이다. 이 경우에 기업은 제품을 디자인하고 내용을 규정하는 일을 사용자 집단에 맡기기로 결정할 수 있다. 즉, 제품의 사용자가 스스로 기업의 제품에 관해 혁신적인 구상을 수행하는 것이다. 이 전략은 기업이 자체적으로 수없이 많은 시도를 거쳤어도 여전히 고객의 욕구를 이해할 수 없을 때 주로 사용된다(Hippel, 2007).

기술 시장과 연구 개발 컨소시엄

개방 모델의 세 번째 기둥은 '지식 저장고(학술 지식, 사용자 지식)'가 아니라 오늘날 불가결한 것으로 보이는 '지식 확산 운용 메커니즘'이다. 보몰에 따르면 오늘날 혁신 활동은 주로 기업들 사이에서 지식의 효율적인 배분을 가능케 하는 두 개의 메커니즘에 의해 조정되는데, 기술 시장과 연구 개발 컨소시엄이 그것이다. 이것은 지식의 확산이라는 사회적 필요와 지식의 생산을 유인할 투자 수익의 실현이라는 사적 목적 간의 화해를 도모한다.

기술 시장의 활성화는 지적 재산의 증가와 관련이 있다. 기술 구매는 해당 기술을 스스로 발명하는 것에 비하면 비용과 리스크의 감소, 신속성 등에서 많은 이점이 있다. 게다가 기술 판매가 가진 이점도 막대한데, 자신의 통제 능력을 벗어나는 시장(예컨대 해외시장)이나 응용 분야에서 기술을 활용하는 데 따르는 리스크가 감소한다는 것과, 어쩌면 막대한 액수일 수도 있는 판매 수입 등이 해당된다.

일반적으로 기술 시장이 효과적으로 작동할 경우, 이미 이루어진 발명에 대한 투자, 즉 중복 투자로 귀착될 위험이 축소되기에 해당 산업의 자원 배분 효율성이 개선될 수 있다. 이 점은 기술 지식의 코드화가 잘 되어 있고 특허 제도가 지적 재산의 한계에 관해 엄밀한 정보를 제공함으로써 제대로 작동한다. 또 혁신에서 산업적 과정이 결정적으로 중요한 산업들에서 특히 잘 나타난다(Arora et al., 2001).

보몰에 의하면 기술 시장이 효율적으로 작동하는 조건은 상대적으로 단순하다. 그중 가격의 정당성은 중요한 사항인데, 가격의 정당성이 보장되어야 판매자와 구매자 모두 거래로 이어질 수 있기 때문이다. 이 조건은 해당 기술의 잠재적 구매자가 잠재적 판매자보다 더 효율적인 사용자일 때 충족된다. 이 경우 구매자는 판매자가 사용했을 때보다 더 높은 이윤을 올릴 수 있으므로, 구매자는 판매자가 그 기술을 활용해 얻게 될 기대 이윤보다 약간 더 높은 수준에서 가격을 지불할 용의를 갖게 된다. 이 조건하에서 구매자와 판매자 모두 거래의 실행에 관심을 가질 것이다.

하지만 보몰이 말하는 기술 시장은 현실과는 다소 동떨어진, 이상적인 세계다. 아니 오히려 그토록 많은 결함을 가진 시장을 찾기도 어려울 것이다. 미국 대기업들의 지적 재산권 책임자들을 대상으로 조사한 최근의 보고서(Cockburn, 2007)에는 다음과 같은 결론이 나와 있다.

- 기술 거래는 복잡하고 비용이 많이 든다.
- 어딘가 결여된 시장이 많고 구매자를 찾지 못한 기술도 수없이 많다.
- 대다수 특허는 '라이선스 대상이 될 수 없는' 것으로 드러났다.
- 기업이 원한다 하더라도 평균적으로 특허 포트폴리오의 3분의 1 이상은 라이선스의 대상이 되지 못한다.

이는 달리 말해, 라이선스를 받길 원하는 발명가조차 그 희망을 실현할 가능성이 아주 낮다는 것이다. 이로 인해 두 가지 주요한 비용이 발생하는데, 그것은 대다수 거래가 실행되지 않는다는 것과 가격이 정확하지 못하다는 것이다. 따라서 일반적으로 말해 기술 시장은 비효율적이다. 이는 기술 시장이 새로운 혁신 모델의 중심 요소로 부상하고 있다는 사실을 감안할 때 우려할 만한 일이다.

2. 조직 능력으로서의 지식 관리

지식 관리는 한 조직의 학습과 혁신을 강화하고 성과를 증대하기 위해 필요한 것으로, 지식의 포착·획득·분점·사용을 둘러싼 체계적인 과정과 실천 전체를 대상으로 한다. 지식 관리는 입지 조건과는 무관하며 조직적 능력(유인과 조정 메커니즘)의 창조와 정보기술의 집약적 사용에 기반을 둔다.

기업의 지식 관리 필요성

기업 내에서 지식 관리의 중요성이 증대하는 것(Foray and Gault, 2003)은 다음과 같은 여러 현상들과 연계되었기 때문일 수 있다. 그 첫 번째 현상은 전통적인 지식 전달 방식들이 약화된 것이다. 그동안 동업조합(Epstein, 1998) 또는 내부 노동시장(Lam, 2000)과 같은 제도를 통해 지식 전달이 담보되어왔는데, 이 제도들의 핵심 기능인 지식의 저장과 유통이 여러 가지 이유로 제대로 수행되기가 어려워진 것이다.

이에 따라 지식을 저장하고 유통하기 위한 새로운 조직 관련 능력들이 부가적으로 필요하게 되었다.

두 번째 현상은 아주 당연한 것으로서, '혁신의 일상화'라는 새로운 전략의 일환으로 지식 관리가 이루어지는 것이다. 혁신의 원천인 '좋은 아이디어'가 결여되어 있거나, 그것을 무시했을 때 초래될지도 모르는 비용이 너무 크기 때문에 좋은 아이디어를 체계적으로 찾아내서 수집하지 않을 수 없다. 이 아이디어들은 사용자, 내부 연구 개발, 기업의 여타 장소, 학술 연구 등 어디서나 발견된다. 마찬가지로 혁신에 의해 제기된 문제들을 해결해줄 지식을 재발견하기 위해, 기업들은 지식 저장고를 효율적으로 탐색해야 할 필요가 있으며 이로 인해 지식 관리 관련 실천들이 채택될 수밖에 없다.

끝으로 세 번째 현상은 정보통신기술의 급속한 진보이다. 이미 2장에서 지적한 바와 같이 기술 자본의 생산성은 적합한 조직 형태들의 설치 여부에 크게 좌우된다. 정보통신기술과 인적 자원 및 지식의 관리라는 실천 사이에서 혁신이 갖는 보완성은 크다.

두 개의 논리

핸슨 등(Hansen et al., 1999)이 지식 관리에 대해 제안한 두 가지 논리는 그 단순성에도 불구하고 여전히 설득력을 가진다. 그중 하나는 이른바 '개인화' 논리다. 즉, 지식은 암묵적인 것이어서 그것을 실행하는 개인에게서 완전히 분리될 수 없기에, 지식 관리는 주로 암묵적 지식의 수탁자이자 보유자로 간주되는 사람들의 인적 네트워크와 공동체의 관리로 이루어진다는 것이다. 다른 하나는 '코드화' 논리다. 지식은 변형되고 코드화되어 데이터베이스와 목록 속에 놓인다. 이 덕분에 누구나 쉽게 접근할 수 있다. 이미 4장에서 말한 바와 같이 코드화에는 막대한 고정비가 들지만, 한번 코드화한 다음에는 지식 관리와 관련된 헤아릴 수 없이 많은 작업들이 아주 낮은 한계비용으로 실행될 수 있다.

첫 번째 논리는 항상 새로운 해법이 필요한 독특한(즉 기업의 데이터베이스에 없는) 문제들을 다루는 기업에 더 적합한 것으로 보이는 반면, 두 번째 논리는 유사한 문제(표준화된 서비스와 제품)를 반복해서 해결해야 하는 기업에 더 적합하다. 후자의 경우, 증명된 해법을 연구하고 재사용하는 시스템의 효율성이 기업의 성과를 결정한다. 물론 대다수 기업이 두 가지 논리를 결합적으로 사용하지만, 대개 주로 사용하는 논리가 있게 마련이다.

지표들이 말해주는 것

OECD의 보고서들(Foray and Gault, 2003; Foray, 2007)에서 기업들이 이러한 실천을 하는 경우가 많다는 사실이 나타났다. 그리고 그 요인으로 규모의 중요성과 다양하고 새로운 조직적 실천(지식 관리, 프로젝트별 관리, 인터넷 활용) 사이에 보완성이 있다는 사실이 드러났다. 예상했던 결과들이기는 하지만, 크렘프와 메레스(Kremp and Mairesse, 2003)가 이 프로젝트를 수행하는 과정에서 수집한 프랑스 관련 자료들로 시행한 작업들은, 놀랍게도 지식 관리의 강도와 기업의 혁신 성과 사이에 유의미한 상관관계가 있다는 것을 보여주었다. 이처럼 지식 관리는 혁신의 일상화를 위한 훌륭한 도구인 것이다.

거시경제 수준에서의 지식 관리

정보통신기술의 전개와 그 놀라운 잠재력의 점진적인 실현뿐만 아니라 지식기반경제의 다른 특징들(지식의 생산과 코드화의 증대, 노후화의 가속적 진행, '파급효과'의 확대)로 인해 지식 관리에 관한 문제의식이 개별 기업 차원을 넘어 사회 전체 차원에서도 제기될 수밖에 없게 되었다(David and Foray, 2002).

예를 들어 정보와 전문 능력의 대단히 비대칭적인 분포, 교섭 상대자의 익명성 증가, 신분 도용 가능성 증가 등 전문화의 증대라는 조건 하에서는 지식 인증과 신뢰 구축에 관한 새로운 메커니즘이 고안되고 작동될 수 있어야 한다. 게다가 최근에는 사회적 기억을 보존하기 위해 코드화된 지식 시스템의 보완 요소(언어의 연속성과 더 오래된 문서에의 접근을 가능케 하는 프로그램들의 보존)에 더 많은 주의를 기울이고 있다. 지식의 파편화(분산과 분할)를 극복하고 정보가 흘러넘치는 세계에서 주목받기 위해서는 새로운 조직화 수단과 형태가 반드시 필요하다(Simon, 1982).

스티글리츠(Stiglitz, 1999)의 주장처럼, 지식(정보)경제가 이미 우리가 지적한 것처럼 수많은 결점을 가진 불완전한 경제라는 사실을 인정할 때, 비로소 글로벌 차원에서 지식을 관리하고 최적화하는 데 필요한 강건한 제도들이 구상되고 보존될 수 있을 것이다.

도서관, 문서보관소, 박물관 및 웹

기존 사회에서는 지식 관리는 물론, 앞서 언급한 지식경제의 여러 결함을 극복할 수 있는 제도들을 구상하고 보존하는 방법이 있었다. 따라서 지식경제 시대에 도서관, 문서보관소, 박물관 등이 수행하는 중심적인 역할을 인정할 필요가 있다. 하지만 이 기관들은 오늘날 인터넷이라는 새로운 도구가 엄청난 속도로 확산되자 존립이 위태로워졌다. 최근에 이뤄진 조사들은 인터넷 사용으로 인해 학생들의 전통적인 도서관 이용이 격감했음을 보여준다. 인터넷을 자유자재로 사용하지 못하는 마지막 세대이자 곧 사라질 세대가 존재할 동안, 이 전통 기관들도 살아남을 수 있을까? 이러한 의문에 그렇다고 단언하는 헤드스트롬과 킹(Hedstrom and King, 2006)은 전통 기관들과 인터넷 간의 상보성을 지지하는 일련의 논거를 제시한다. 그들은 이러한 상보성이 대단히 중요한 영역으로 네 가지를 든다. ① 접근: 도서관은 사람들에게 공평한 접근성을 보장하지만 인터넷은 그렇지 못하다. ② 정보의 통제와 질: 인터넷과 웹은 정보의 질에 대한 통제가 거의 보장될 수 없는데, 특히 교육 영역에서 그 통제는 매우 불충분하다. ③ 사회적 저장: 전통 기관들이 수행하는 이 핵심적인 기능은 웹으로는 담보될 수 없다. 웹은 막대한 정보의 일상적인 상실이라는 특징을 가지기 때문이다. ④ 사유화: 전통 기관들은 거대한 공공 영역과 지식에 대한 자유로운 접근의 보존을 핵심 기능으로 삼지만, 웹은 정보의 사유화라는 강력한 논리로부터 안전하지 못하다.

경험적 지식과 과학적 지식

경험적 지식은 개인과 조직의 경험으로부터 탄생한다. 경험적 지식은 비록 '과학적'이라는 지위를 부여받을 수 있는 시험을 거치지는 않았지만 풍부하고 합리적인 것으로서, 주체들에게 중요한 행동 능력을 제공한다. 하지만 이러한 지식을 저장하고 관리하고 최적화하는 것은 다루기 어려운 미묘한 문제들을 야기한다. 왜냐하면 경험적 지식은 그 성격상 눈으로 거의 확인할 수가 없고 대개 암묵적이며 과학적 지식에 비해 일반화의 가능성이 훨씬 낮기 때문이다. 경험적 지식의 질적 악화는 실제로 일어날 수 있는 일이며, 이러한 질적 악화의 위험은 과학적 지식을 만능으로 생각하는 믿음에 의해 더욱 강화된다. 그러나 과학적 지식은 결코 경험적 지식을 대체할 수 없다. 예컨대 산불을 더 효과적으로 통제할 수 있는 전산 모델을 구축하기 위해 속도, 방향, 전파 등 필요한 요소를 예측할 수 있는 과학적 지식을 생산하는 일은 대단히 흥미로운 것이긴 하지만, 이 과학적 지식이 수세기에 걸쳐 누적되어온, 간단히 말해 산불의 예방과 관련된 경험적 지식을 대체할 수는 없다. 이 경험적 지식은 주로 나무를 심고 육성하는 기술에 관한 것이다. 그러나 이러한 경험적 지식이 비록 완전히 없어지지는 않는다 하더라도 질적으로 악화되고 또 망각되어온 것이 사실이다. 이것은 과학적 지식이 그 창조, 코드화, 유통 과정에서 보여주는 강력함과 경험적 지식이 이와 동일한 활동에서 드러내는 취약성을 잘 대비해 보여준다. 과학의 진보와 과학적 지식의 축적이 보여주는 활력성과 경험적 지식이 드러내는 취약성 간의 이러한 대비는 보건, 환경, 식량 안전, 영토의 개발과 정비, 자연재해의 관리 등 수많은 부문에서 더욱 잘 드러난다. 그러나 사회가 과학적 지식 기반만으로 작동할 수 있다고 믿는 것은 위험하기 짝이 없는 환상이다. 왜냐하면 이러한 믿음은 사회가 어떤 문제든 고칠 수 있는 '백신'을 가지고 있어, 문제를 사전에 예방하기 위한 경험적 지식이 없더라도 사회가 제대로 굴러가는 상황을 상정한 것이기 때문이다. 요컨대 지식경제의 목적은 모든 백신이 구비되어 있는 사회를 만드는 것이 아니라 과학적 지식과 경험적 지식이 균형 있게 배분되는 사회를 구축하는 데 있다. 여기서 문제시되는 제도들은 좁은 의미에서의 지식 관리 기관(앞서 언급한 도서관 등의 사례)의 소관이 아니라 중대한 사회적 선택들이 구상되고 결정되는 방식을 관장하는 기관들의 소관이라는 점에는 의문의 여지가 없다.

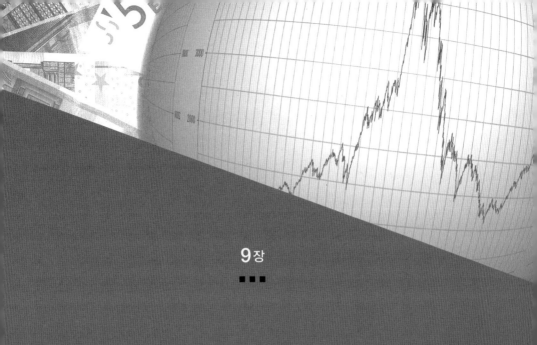

9장

지식경제의 발전을 위한 정책은
무엇인가?

이 책의 마지막 장에서는 여러 나라들을 대상으로 지식경제의 영토와 지식경제 부문의 발전과 정착을 위해 구상될 수 있는 광의의 경제 정책을 다룰 것이다.

1. 국제화와 지식경제의 영토

지난 10여 년 전부터 연구 개발의 국제화라는 중대한 현상이 부각되고 있다. 연구 개발은 자율적으로 이동한다. 즉, 연구 개발과 관련된 입지 전략은 더 이상 해외 직접투자의 흐름에만 달려 있는 것이 아니라 지식 생산에 고유한 논리에 의해서도 관장된다. 연구 개발은 단순히 현지 시장에 제품을 적응시키기 위해서만 이루어지는 것이 아니라 지식 생산에 최적의 조건을 찾아 이동하며 이루어진다. 연구 개발의 이동에 따라 지식기반경제가 구축된 영토들이 그려진 새로운 지도가 펼쳐진다. 이 새로운 지도에는 빠르게 성장하고 있는 거대 국가들(중국, 인도)이 포함된 것은 물론이고, 지식경제에 깊이 특화된 소규모 신흥국들(싱가포르)도 포함된다.

지식경제가 바탕이 된 영토의 형성

한 지역이 지식경제로 편입되기 위해 생산하거나 끌어들여야 하는 자원들은 대부분 이동성을 지니며 유동적이다. 그러나 우연히 이동하지는 않으며 자원들끼리 서로 뭉치기도 한다. 그 예들로 수준 높은 과학자들이 그들과 비슷한 동료들 곁에 있고 싶어 하고, 스타트업 기업들 가까이에 연구자가 입지하는 것 등을 들 수 있다(그 역도 성립한다). 또 연구 개발 집약적인 기업이 일류 대학 근처로 이동하고 혁신에 필요한 서비스들이 이러한 기업들 주위로 모여드는 것도 그 예이다.

자원의 이러한 상호 응집으로부터 막대한 긍정적 외부 효과가 창출된다. 지식경제에서 개인과 조직들의 집결은 인프라 관련 고정비용이 분담될 수 있도록 해줄 뿐만 아니라 지식 유통 네트워크의 발전과 산업 간 경계를 '초월하는' 실행 공동체(기업, 연구소, 은행, 서비스)의 형성을 조장하기도 한다(Allen, 1983; Saxenian, 2003). 때로 이 외부 효과가 너무 강해, 과학자나 혁신 기업가들은 그 입지 전략을 수립하면서 이들 네트워크와 공동체 가까이로 가는 것 외에 다른 어떤 요인도 고려하지 않을 정도다. 우리는 이 장에서 지식의 코드화와 협력 기술의 발전이 물리적 근접성의 중요성을 감소시키는 결과를 초래한다는 점과 관련된 논쟁을 다루지는 않을 것이다(2장과 4장 참조). 그 대신 '서로 가까이 있는 전략'이 지식경제에서 주요 행위자들의 지배적인 입지 전략이라는 점만 강조하려 한다.

수확체증 현상은 이러한 응집 과정의 특징이며, 그 주된 원천은 이미 언급된 바 있는 외부 효과이다. 가장 매력적인 지역은 더 매력적으로 되어가는 반면, 어떤 지역은 그럴 가능성조차 갖지 못한다. 그 외의 다른 지역들은 유명한 티핑 포인트(tipping point: 작은 변화들이 일정 기간 동안 쌓여서, 작은 변화 하나만 더 일어나도 갑자기 큰 영향이 초래될 수 있는 상태 또는 단계 — 옮긴이)에 도달할 수 있는 능력의 구비 정도에 따라 이 양쪽을 왔다 갔다 하는 상태다(Arthur, 1990).

지역 간 경쟁과 지대의 소산(疏散)

한 나라의 수많은 지역이 지식경제의 최고 자원을 끌어들이기 위해 경쟁에 돌입할 때 창출되는 비효율성은 일종의 독점적 균형의 성격을 띤다(David, 1999b). 문제는 소수 지점들의 성공적인 응집 과정을 통해 창조되어야 할 영토 지대(rent)가 현실화되지 않는다는 데 있다. 대다수 지역들은 지식경제에 불가결한 인프라를 조성하고 또 그곳으로 충분한 자원을 끌어들이는 일군의 유인책을 시행하는 데 필요한 자금을 조달하는 데에도 실질적인 어려움을 겪을 것이다. 따라서 이러한 어려움 때문에 매력성 측면에서 다른 지역을 확실하게 따돌리려는 특정 지역의 능력이 저해될 수 있다. 이는 '금융적 제약하에 있는' 수많은 지역들의 경쟁으로 인해, 지식경제 부문이 지나치게 많은 장소들로 분산됨을 의미한다. 그 결과 어느 지역도 산업의 나머지를 끌어들일 수 있는 결정적인 밀도에 도달할 수 없게 된다. 요점은 지역적 매력성이라는 경제적 논리가 아주 특수한 자원인 응집 경제, 그 자체의 희소성에 기반을 둔다는 데 있다. 이 자원은 지나치게 많은 지역이 동일한 목적을 추구하는 경쟁에 돌입해 공공자금의 안배 논리가 자연스러운 집중 경향을 방해하는 순간부터 낭비되기 시작한다.

획일화와 특수화

글로벌 차원에서 보면, 국가나 지역들이 동일한 행태를 보이며 유사한 방식으로 미래를 이끌려는, 어찌 보면 당연한 경향 때문에 다른 장소로 유인된 자원들이 상실될 위험성이 더욱 커진다. 모든 지역이 정보기술, 바이오기술, 나노기술에 대한 투자 계획을 가지고 있다고 자랑하지만, 대다수 지역의 의사결정자들은 대단히 빈약한 상상력으로 우선순위를 결정할 뿐이다. 이것은 단순한 문제가 아니다. 여러 행정부서들이 모두 미래 기술(technology foresight)이나 중요 기술을 실행할 때 동일한 우선순위를 가진 목록을 제시하는 것은 그 수혜자인 '고객'이 처해 있는 특수한 상황과 조건을 고려하지 않기 때문이다. 이러한 상상력과 비전의 결여로 인해 각 지역이 가진 지식 베이스의 독특성과 차별성이 질적으로 악화된다. 이러한 독특성의 상실로 초래되는 결과들 중 하나는 대규모 다국적기업들이 글로벌 지식 네트워크를 형성하면서 갈수록 혁신 활동을 출신국의 외부로 이동시키는 것이다. 결국 출신국도 다른 모든 나라들과 거의 동일한 행태를 보이기 때문이다 (게다가 혁신 활동이 가장 활발한 나라보다 약간이라도 뒤처질 것이 뻔하다).

따라서 지식경제의 입지 메커니즘들이 집중화 현상을 심화시킬 것으로 예상할 수 있다. 이 집중화 현상은 몇몇 지역에서는 과학적 조밀화로, 다른 많은 나라들에서는 과학적 공동화로 나타난다. 이러한 결과를 완화시키고 응집 지대를 희생시키지 않으면서, 연구 능력을 상대적으로 균형 있게 지리적으로 배분하기 위해서는 국가와 지역들이 스스로 '특수화'시키는 법을 배워야 한다. 국가와 지역들은 지식경제에서 자신의 위치를 결정지을 독자적인 전략적 비전을 개발하고, 이 비전에 조응하는 정책을 시행해야 한다(Foray and Van Ark, 2007).

2. 개도국 시장

가장 앞서가는 나라들의 상황에서 알 수 있듯이 개도국이 한방에 지식경제로 편입되는 일은 있을 수 없다. 그러나 산업과 서비스의 일부가 변형을 거쳐 지식경제로 편입되는 방향으로는 나아갈 수 있다.

주지하다시피 개도국에서 연구, 개발 및 혁신 역량의 발전은 다음두 가지 핵심 요인과 연계되어 있다. 그 하나는 외부 기술이 유입되고전파되는 통로(해외직접투자, 국제무역, 재외동포 등)의 중요성이고, 다른하나는 주로 인적 자원의 구성 및 질의 측면에서 해당 국가가 가지고있는 흡수 능력이다. 이 두 가지 결정적인 요인은 상호 연계되어 있다.어느 한 요인이 개선되면 다른 요인이 외부 효과를 누릴 수 있다. 따라서 이 두 요인은 긍정적인 피드백 시스템을 형성하면서 선순환 또는악순환을 만들어내고, 다중 균형을 이루기도 한다(Stiglitz, 1991).

이러한 긍정적인 피드백 시스템에서 지적 재산권은 비록 결정적이지는 않더라도 중요한 역할을 수행한다. 외국 기술을 흡수하는 능력과그에 대한 접근 메커니즘이 서로 상충되는 상황이라면, 지적 재산권을강화하는 것이 일종의 '마법적인 해법'이 되리라는 기대는 당연히 허망한 것일 수밖에 없다. 이때 개도국의 지적 재산권 시스템 강화 비용이

표 9-1   일국 차원에서 지적 재산권의 강화에 따른 정태적 · 동태적 비용과 수익

	정태적	동태적
X국의 지적 재산권 제도의 강화에 따르는 비용	지식은 독점가격으로 구매된다: 접근 문제	갈수록 개발 비용이 증가하기 때문에 향후 혁신이 저지된다
X국의 지적 재산권 제도의 강화에 따르는 수익	지식은 독점가격으로 판매된다: 독점지대	해외직접투자 유입 및 기업가 활동에 대한 자극

주: 이 표에서 X국은 개발국일 수도 있고 개도국일 수도 있다.

그로부터 기대되는 수익을 초과하리라는 데에 의심의 여지가 없다. 반대로 이 나라들이 선순환 속으로 진입하고 있을 때는 지적 재산권 시스템의 강화가 긍정적인 역할을 할 수 있다. 왜냐하면 지적 재산권 시스템을 강화함으로써 라이선스를 좀 더 용이하게 획득할 수 있는 조건이 형성되고, 이에 따라 현지 기업의 활동이 활성화되어 더 많은 해외직접투자가 유입될 수 있기 때문이다.

⟨표 9-1⟩은 TRIPS 협정이 요구하는 바대로 지적 재산권 제도가 강화될 때 초래되는 비용과 수익을 요약한 것이다.

다(多)국가 시스템에서 비용과 수익의 배분은 발명 능력이 어떻게 분포되는가에 달려 있다. 만약 발명 능력이 동질적으로 분포되어 있다면 비용과 수익은 균형을 이룰 것이다. 그러나 만약 발명이 아주 비대칭적으로 분포되어 있다면, 발명이 없는 나라에서의 소비자 잉여 상실은 순손실이 되며 모든 이윤은 발명국에 귀속된다. 따라서 (발명의 측면에서) '팔 것이 하나도 없는' 국가의 정태적 비용은 정태적 수익보다 훨씬 클 것이다.

선순환

　세계은행의 한 보고서(Banque Mondiale, 2008)가 주는 핵심 메시지는 일정 수의 중간 소득국들이 이러한 선순환 국면에 진입했다는 것이다. 즉, 외부로부터 들어온 기술은 해당국의 흡수 능력과 더불어 더욱 확산된다. 그 결과 더 많은 기술이 유인되며 이 기술은 해당국 내부로 더 잘 확산된다. 이는 경제 전반의 효율성을 증가시키고, 그 결과 더욱 더 많은 외부 기술을 유인할 수 있게 된다. 긍정적인 피드백 시스템의 기본 구성 요소들이 서로를 개선시키는 형태를 띠는 것은 직접투자의 증가와 인적 자본의 풍부화가 핵심 역할을 수행하기 때문이다. 이 과정의 주요 지표는 다음과 같다.

- 하이테크와 자본재 수입 비중의 상승.
- 기술재 수출의 확대.
- GDP 또는 고정자본형성 대비 해외직접투자의 비중 증가.

　개도국이 해외 기술에 접근할 수 있는 가장 중요한 통로는 해외직접투자와 국제무역이다. 이 점은 (TRIPS의 틀 속에서 수행된) 지적 재산권 제도의 개혁이 해외직접투자, 국제무역, 다국적기업의 개도국에서의 활동 증가, 기술 이전 등에 긍정적인 영향을 미쳤음을 보여주는 최근 연구 작업 결과에 의해 지지되고 있다(Branstetter et al., 2007).

악순환

그러나 발전이 가장 뒤처진 나라들에서는 상황이 이와 동일한 방식으로 전개되지 않는다. 외국인 직접투자는 아주 미약한 수준(GDP의 1% 미만)이며 자본 형성에서 차지하는 비중 또한 무시할 만한 수준이다. GDP에 대한 하이테크 제품의 수입 비율도 매우 낮다. 하이테크 재화의 세계시장에서 이 나라들은 존재감조차 없다. 또한 (외국인 직접투자가 아주 미미하기 때문에) 외국 기술에 접근하려고 라이선스 전략을 개발하는 것도 여러 가지 이유로 인해 제대로 작동하지 않을 것으로 보인다. 이처럼 이 나라들에는 외국 기술에 대한 접근이 제한되어 있을 뿐만 아니라, 이 나라로 유입되는 작은 부분조차 국내로 확산될 가능성은 낮다. 따라서 국내 경제의 효율성에 미치는 영향도 거의 없다시피 하다. 이러한 상황에 처해 있는 국가들에 TRIPS 협정에 부합되는 조치를 취하도록 강제한다면 〈표 9-1〉이 보여주는 바와 같이 파멸적인 결과가 초래될 것이다.

혁신의 관점에서 보면 가장 뒤떨어진 나라들은 '소국'(GDP의 크기 측면에서가 아니라 혁신 활동에서 나오는 기술적 파급효과를 향유할 수 있는 부문들의 크기를 상대적으로 따졌을 때)이며 흡수 능력도 미약하다. 이러한 특징 때문에 이 나라들이 국제적 '파급효과'를 포획한다는 것은 거의 요행에 가깝다. 따라서 현지의 요구에 부응하는 혁신을 생산해내고 국내 경제 전체로 좀 더 쉽게 확산될 수 있는 '파급효과'를 창출할 수 있는 현지 기업들의 활동을 발전시키는 데 강조점을 두어야 한다. 현지의 필요를 충족시키는 데 혁신이 투입될 수 있는 활동 영역은 광범하며, 더욱이 이 '현지'라는 용어가 세계 인구의 큰 부분을 의미할 수도 있다. 이 경우 외국인 직접투자와 국제무역은 기술 접근과 학습 메커니즘으로서 거의 적합하지 않으며 의도적인 기술 이전 정책에 의해 보완되어야 한다. 이 정책으로 현지의 기업가 활동을 북돋우기 위해 선진국 기업들의 기술을 이전하도록 유인할 수 있을 것이다(Foray, 2008; Trajtenberg, 2007).

3. 지식경제를 위한 새로운 정책

지식기반경제 발전을 대상으로 한 넓은 의미의 경제정책은 다시 부문별로 대별된다. 대분류에 따라 교육·인적 자본 정책, 연구와 혁신 정책, 개발 정책 등으로 구성될 수 있는데 이것들은 서로 통합되어 있지 않다. '지식경제'를 관장하는 대형 부처는 '세상 어디에도' 존재하지 않는다.

인적 자본 정책

인적 자본의 수준, 구성 및 사용 가능성의 명시적인 수정을 도모하는 정책으로 해석되는 인적 자본 정책은 다음과 같은 두 개의 거대한 도전에 부응할 수 있어야 한다. 그 하나는 과학, 기술 및 엔지니어 영역, 그리고 몇몇 유형의 서비스(보건, 교육)에서 나타난 고숙련 인적 자원의 수요 증가라는 도전이다. 이 도전은 주로 양적인 성격을 띠고 있으며 오늘날 유럽의 대다수 국가는 물론 미국에서도 여전히 완벽하게는 해결되지 못한 문제다. 사실 연구자와 다른 숙련 노동자의 공급이 고정되어 있어 단기적으로 증가될 수 없다면, 활동량의 증가만으로 연구 개발과 여타 지식 집약 활동의 수요 증가를 충족시키는 데에는 한계가 있다. 지식 집약 활동의 수요 증가는 임금의 비례적인 증가를 가져오며, 이는 역으로 투자에 대한 공적·사적 유인을 감소시킬 위험이 있기 때문이다(Romer, 2001). 이 영역들에서 OECD 회원국들의 노력이 충분하지 못하기 때문에 '회색 물질(지능의 비유어로 고급 연구 인력을 가리킨다 — 옮긴이)의 세계시장'에 강력한 긴장이 초래될 수 있다. 이러한 긴장은 과거 이 자원의 순수출국이던 나라들이 오히려 그것을 집약적으로 사용하는 나라로 바뀌면서 더욱 강렬해지고 있다(Wyckoff and Schaaper, 2006).

또 다른 도전은 변화, 혁신 및 지식 관리의 제어가 극히 중요한 활동으로 대두되고 있는 상황에서 새로운 역량을 어떻게 획득하는가에 관한 것이다(2장 참조).

연구 및 혁신 정책

이 정책의 핵심은 공공 연구의 생산성 제고를 목적으로 삼는 행동과 민간 부문에서의 연구 및 혁신 활동을 지원하는 프로그램에 있다. 7장에서 보았던 시장의 여러 결함들로 인해, 연구 영역에서 주기적인 과소투자가 발생할 수 있다. 이 문제를 교정하기 위해 사용될 수 있는 수단은 상대적으로 많다(조세 감면, 직접 보조금, 공공 연구와 민간 연구 간의 관계 개선, 컨소시엄 형성 지원 등). 이 수단들은 각각 나름의 장점을 가지고 있지만 단점도 있다. 가장 중요한 문제는 보조금이 주어지지 않더라도 시도될 수 있는 프로젝트에 자금이 제공되지 않도록 유의하는 것이다. 왜냐하면 그렇게 자금이 제공되면 정책이 비용의 이전(민간 부문에서 공공 부문으로)만 초래할 뿐 순가치의 창조로는 이어지지 않기 때문이다(Stiglitz and Wallsten, 1999).

혁신 역량을 간접적으로 강화할 수 있는 다른 정책들도 중요하다. 대부분의 혁신 정책은 주로 자금 조달, 경쟁, 노동시장 등의 구조를 혁신과 창조 및 혁신적인 신기업의 성장이라는 요청에 부응하도록 만들기 위한 제도적 조정 정책들이다. 경제적 동학의 원천을 이루는 제도와 조합주의적이고(corporatist) 보수적인 기관들에 불리하게 작용하면서 파괴 및 창조에 따른 비용을 감소시킬 수 있는 제도를 강화하는 것이 중요하다(Phelps, 2003).

끝으로 혁신 역량은 거대한 도전에 부응하기 위한 대형 프로그램의 시행과 같은 전략적 이니셔티브의 뒷받침을 받을 수 있다. 시스템 위기(기후, 에너지, 식량, 노령화, 금융제도)의 시대에서 근본적인 것으로 간주되는 엄정한 목적들을 달성하기 위해 혁신 능력을 발휘하는 데 중요한 기회들이 창출되고 있다. 앞서 지적한 바 있는 구조적 문제들에 대한 해법을 지속적으로 구상할 때, 연구와 혁신이 중요하다고 생각될 수록 이 분야에 대한 자원 배분은 그만큼 더 용이해질 것이다. 기초연구와 훈련에 필요한 인프라를 구축하고 민간의 연구 개발 능력을 조장하며, 초기 수요의 역동성을 자극하기 위해 막대한 공공 자원을 투입하는 것은, 수립한 목적을 달성하는 데 유리한 방향으로 유인들을 배열하고 시스템을 구성하는 서로 다른 행위자들(공공 연구, 민간 대기업, 부품 전문 공급자, 사용자 및 소비자) 간의 투자 계획이 조정되는 것을 도와줄 것이다. 이로써 앞서 지적한 위기가 막대한 자원을 동원시킬 수 있는 잠재적인 지렛대 역할을 한다면, 이는 혁신 정책에 상당한 희소식이 아닐 수 없다. 하지만 경제는 역량과 자원이 가장 생산적으로 사용될 수 있는 분야로 이전될 수 있도록 나아가야 한다. 그런데 이것은 비중립적인, 즉 특정한 영역과 행위자에게만 특혜를 제공하는 자원 배분 과정을 함의한다. 비중립적인 수단에 기반을 두는 정책은 수많은 잠재적 문제(역선택, 승자 뽑기, 시장 왜곡 등)를 일으킬 가능성이 대단히 크다. 따라서 이런 유형의 문제를 피할 수 있게 해줄 프로그램들을 구상하는 것은 물론, 이 프로그램들이 경쟁 정책과 어떠한 관계를 맺는지가 핵심 사안이 될 것이다(Mowery and Simcoe, 2002).

개발 정책

'어떤 지역이나 국가가 지식경제에서 일정한 위치를 차지하기 위해 어떤 지식에 기반을 두어야 하는가'라는 질문은 핵심적인 질문이지만 대답하기 어려운 것이기도 하다. 여기서 강조해두어야 할 것은 그 해답이 관료주의적 산업 계획화 논리가 아니라 기업가적 유형의 연구 과정으로 귀착된다는 점이다. 즉, 기업가들이 어떤 연구 과정에서 핵심 역할을 수행해야 하는지가 중요하다(Haussman and Rodrick, 2002). 이 과정에서 정책 결정자들은 다음 세 가지 측면에만 개입하도록 해야 한다. 그것은 이처럼 다소 특수한 유형의 기업가에 대한 지원, 선택된 위치에 적합한 인적 자본 정책 시행, 그리고 선정된 특화 부문들을 향해 지역 시스템이 집단적으로 나아갈 수 있도록 만드는 조정 메커니즘의 촉진이다.

신흥국들 중에는 이미 지식경제에 편입된 나라(싱가포르)도 있고 곧 편입될 나라(중국)도 있다. 이는 앞에서 묘사된 바 있는 선순환 덕분이다. 가장 덜 개발된 나라들에서 시급한 정책은 교육과 훈련을 통해 인적 자본을 육성하고, 국내 경제가 '파급효과'를 포획할 수 있도록 현지에서의 혁신을 조장하며, 현지 기업가들이 당면한 혁신 관련 문제들을 스스로 해결하는 능력을 증대시키는 데 기여하는 기술 이전을 도모하는 것이다.

금융 위기와 현실의 지식경제

일련의 충격을 유발했던 2008년 세계 금융 위기는 충격을 야기했던 해당 부문을 넘어 그 여파가 대규모로 번졌다. 이 위기는 특히 현실의 지식경제에 자극을 주었고, 연구 개발과 혁신에 과거 어느 위기 때보다도 더 큰 영향을 미쳤다. 그 이유는 2008년 금융 위기의 규모가 과거

보다 더 컸다는 점에 있다기보다 20년 전부터 작동해온 연구 경제에 변동을 초래한 구조적 변화에 있다. 구조적 변화로 연구 시스템은 더욱 취약해졌는데, 이는 위기로 불황 국면이 진행될 동안 연구 개발 자금 조달 관련 활동의 경기 동행성이 강화되었기 때문이다.

첫째, 공공 연구 부문이 위축되었다. 1980년대경까지 모든 OECD 회원국의 민간과 공공이 연구 자금 조달에 각각 거의 절반씩 기여해왔지만, 위기 이후 이 비율은 민간 70%와 공공 30%의 상황으로 바뀌었다. 이러한 변동은 불가피했던 것으로 보이지만, 그럼에도 불구하고 국방 분야나 기술적 쾌거를 달성한 몇몇 분야와 같은 최우선 사명을 가진 강력한 공공 연구 부문을 매개로 국가가 자금 조달 측면에서 수행했던 안정자로서의 역할이 약화된 것은 틀림없는 사실이다.

둘째, 이미 2장에서 언급했듯이 오늘날 문제시되는 또 다른 구조적 변화는 많은 부문에 설치되어 있던 수직적 통합의 해체와 관련된다. 공공 연구와 통합된 대기업들 사이에 위치한 수많은 소기업들의 연구와 혁신 활동은 대개 (생산 계열의 - 옮긴이) 상류에 위치하는 협소한 부분 시장들에 특화되어 있었다. 바이오기술 영역에서 이러한 경향이 두드러지게 나타났던 것은 당연한 현상이지만, 퍼스컴과 소프트웨어 산업은 물론 인터넷 분야의 서비스 및 정보 공급자, 또는 금융 서비스처럼 기업가적 성격이 강한 수많은 신산업들에서도 전혀 무관한 일은 아니었다. 의학과 바이오기술 분야는 흥미로운 사례를 보여준다. 이 분야들에서는 혁신의 기초 여건(fundamental)이 튼튼한데, 발명과 혁신의 기회가 전례 없이 많고 그 수요가 감소할 기미조차 없는 것이 그 예이다(예컨대 암과 같은 질병을 대상으로 한 새로운 치료법이라는 틈새 분야가 그러하다). 그러나 지금은 수직적 통합이 해체되었는데도 불구하고 다변화를 이루지 못하고 있으며, 기업들이 현금 부족으로 외부 자금에 의존하고 있어 그 혁신 능력이 의문시되고 있다. 바이오기술의 새로운 (그래서 소규모) 기업들은 아직, 자금 조달을 위해 차입을 이용하는 단계는 아니지만, 모험 자본 산업의 위기로 인해 자금 조달 능력이 약화되어갈 것으로 보인다. 더욱이 몇몇 자금 조달 수단에서 리스크 프리미엄(위험수당으로서 추가되는 금리 — 옮긴이)이 증가하고 있다.

연구와 혁신 영역에 대한 경제정책적 해법들이 새로운 것은 아니다. 1990년대의 불황기에 각국이 시행했던 경기변동 관리 방식을 상기해보자. 이 시기에 상당한 효과를 거두었던 나라도 있지만 그렇게 하지 못했던 나라도 있다. 스웨덴과 핀란드의 경우 위기에도 불구하고 민간 연구 투자가 급증했지만, 스위스에서는 위기로 인해 해당 투자가 감소했다(〈그림 9-1〉 참조). 당시 스웨덴과 핀란드 정부는 혁신 역량을 유지하고 발전을 가능케 할 경기역행적인 유인 정책을 시행할 줄 알았고, 그 덕분에 두 나라는 불황 국면을 벗어나 지식경제의 몇 가지 중요한 분야에서 글로벌 리더의 지위로 올라설 수 있었다. 반면 연구에 유리한 경기역행적인 경제정책을 펼치지 않았던 스위스는 혁신 성과의 측면에서 후퇴한 것이 확실하다.

오늘날의 이러한 경제정책적인 대응은 이미 지적된 변화들에 조응하는 것이어야 한다. 즉, 충분한 자금 조달에의 접근이라는 측면에서 지원 대상이 되어야 하는 것은 더 이상 소기업이 아니라 '새로운' 기업

그림 9-1   1990년대 불황기의 이윤, 연구 개발 및 혁신(핀란드, 스웨덴, 스위스)

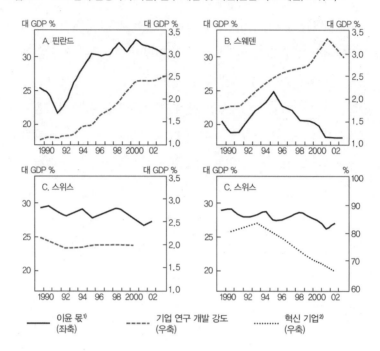

주: 1) GDP에 대한 순영업 잉여의 비율(%).
   2) 기업 수에 대한 혁신 기업의 수의 비율(%).
자료: OECD(2007b).

이라는 사실이 과거 그 어느 때보다도 타당하다. 자산의 대부분이 무
형자산인 성장 소기업들은 그들이 보유하고 있지 않은 물적 장비를 담
보로 대출을 받을 수는 없다. 지금까지 유럽은 이들에게 적합한 금융
수단을 거의 개발하지 못했지만, 위기 덕분에 유럽은 적절한 금융 수
단의 공급을 시행할 수 있는 기회를 맞게 되었다(Philippon and Veron,
2008).

끝으로 앞에서 우리가 지적했던 기후 변화, 환경, 에너지, 보건 시스템 등에 관한 유명한 대형 계획들을 유럽 차원에서, 그리고 나아가 세계적 차원에서 전개해 나가는 데 있어 현 시기가 대단히 우호적인 상황을 조성하고 있다고 생각한다. 즉, 이 계획들의 개발을 가속화시킬 수 있는 절호의 찬스가 온 것이다. 상기 영역들에서 드러난 구조적 문제들이 너무나 심각해 더 이상 지체할 시간이 없을 뿐만 아니라, 연구 개발과 혁신을 위한 자금 공급이라는 관점에서 볼 때 이 계획들이 경기변동의 관리에 기여할 수 있다는 두 번째 장점도 가지고 있기 때문이다(Aghion, 2006).

지식 정책

마지막으로 강조할 것은 지식 정책이 다음 중 어느 한 요소에만 중점을 두는 정책이 아니라는 점이다. 지식 정책은 예컨대 새싹과 어린 양들이 경쟁력 있는 진입과 성장을 할 수 있도록 자금을 공급하는 것, 대형 연구 기관들의 생산성 및 상호 연계성을 제고하는 것, 인적 자본의 양을 늘리고 그 질적 구성을 개선하는 것, 전략적 이니셔티브를 가진 대형 프로그램들을 시작하는 것 등을 포함해야 한다. 또한 지식 정책은 지식의 효율적인 생산과 분배에 적합한 유인을 구상하고 관련 제도를 구축하기 위해 이 모든 요소들을 일관되게 포함하고 또 통합시키는 것이어야 한다.

ABRAMOVITZ M. [1989], *Thinking About Growth*, Cambridge University Press, Cambridge MA.

ABRAMOVITZ M. et DAVID P.A. [2001], *Two Centuries of American Macroeconomic Growth : From Exploitation of Resource Abundance to Knowledge-Driven Development*, Stanford University, *SIEPR Discussion Paper*, n° 01-05.

ADLER P. et CLARK K. [1991], « Behind the learning curve : a sketch of the learning process », *Management Science*, vol. 37, n° 3, p. 267-281.

AGHION P. [2006], *A Primer on Innovation and Growth*, Bruegel Policy Brief, Bruxelles, n° 2006/06, octobre.

AGHION P. et HOWITT P. [1998], *Endogenous Growth Theory*, The MIT Press, Cambridge MA.

— [2005], *Appropriate Growth Policy Framework : a Unifying Framework*, The 2005 Joseph Schumpeter Lecture, European Economic Association, Amsterdam.

AGHION P., DAVID P.A. et FORAY.D. [2008], « Science, technology and innovation for economic growth : linking policy research and practice in "STIG" systems », *Research Policy*, à paraître en 2009.

ALLEN R. [1983], « Collective invention », *Journal of Economic Behavior and Organization*, n° 4.

ALTER N. [2000], *L'Innovation ordinaire*, PUF, Paris.

ANGRIST J. [2004], « American education research changes tack », *Oxford Review of Economic Policy*, vol. 20, n° 2, p. 198-212.

ARGOTE L., BECKMAN S. et EPPLE D. [1990], « The persistence and transfer of learning in industrial settings », *Management Science*, vol. 36, n° 2, p. 140-154.

ARORA A., FOSFURI A. et GAMBARDELLA A. [2001], *Markets for Technology*, MIT Press, Cambridge MA.

ARROW K. J. [1962a], « Economic welfare and the allocation of resources for inventions », *in* NELSON (dir.), *The Rate and Direction of Inventive Activity : Economic and Social Factors*, Princeton University Press, Princeton.

— [1962b], « The economic implications of learning by doing », *Review of Economic Studies*, vol. 29.

ARTHUR B.A. [1990], « Silicon Valley locational clusters : when do increasing returns imply monopoly ? », *Mathematical Social Sciences*, vol. 19, p. 235-251.

ATKINS D. [2005], « Transformation through cyberinfrastructure-based knowledge environments », *in* DUTTON W., KAHIN B., O'CALLAGHAN R. et WYCKOFF A. (dir.), *Transforming Enterprises*, MIT Press, Cambridge MA.

BALDWIN C. et CLARK K. [1997], « Managing in an age of modularity », *Harvard Business Review*, septembre-octobre, p. 84-93.

BANQUE MONDIALE [2008], *Global Economic Prospects*, Washington D.C.

BAUMOL W. [2002], *The Free-Market Innovation Machine ; Analysing the Growth Miracle of Capitalism*, Princeton University Press, Princeton.

— [2005], « Education for innovation : entrepreneurial breakthroughs *versus* corporate incremental improvements », *Innovation Policy and the Economy*, vol. 5, p. 33-56.

BAUMOL W. et BOWEN W. [1965], « On the performing arts : the anatomy of their economic problems », *The American Economic Review*, vol. 55, n° 1-2, p. 495-502.

BERLINER D. [2002], « Educational research : the hardest science of all », *Educational Researcher*, vol. 31, n° 8, p. 18-20.

BESSEN J. et MEURER M. [2008], *Patent Failure*, Princeton University Press, Princeton.

BOLDRIN M. et LEVINE D. [2002], « The case against intellectual property », *American Economic Review*, vol. 92, n° 2, p. 209-212.

BOLTANSKI L. et CHIAPELLO E. [1999], *Le Nouvel Esprit du capitalisme*, Gallimard, Paris.

BOOTH A. et SNOWER D. [1996], *Acquiring Skills : Market Failures, their Symptoms and Policy Responses*, Cambridge University Press, Cambridge GB.

BRANSTETTER L., FISMAN R., FRITZ FOLEY C. et SAGGI K. [2007], *Intellectual Property Rights, Imitation, and Foreign Direct Investment : Theory and Evidence*, National Bureau of Economic Research, *Working Paper*, n° 13033.

BRESNAHAN T. [1999], « Computerization and wage dispersion », *The Economic Journal*, vol. 109, p. 390-415.

— [2003], « The mechanisms of information technology's contribution to economic growth », *in* TOUFFUT J.P. (dir.), *Institutions, Innovation and Growth*, Edward Elgar, Cheltenham.

BRYNJOLFSSON E. et HITT L. [2005], « Intangible assets and the economic impact of computers », *in* DUTTON W., KAHIN B., O'CALLAGHAN R. et WYCKOFF A. (dir.), *Transforming Enterprises*, The MIT Press, Cambridge MA.

CALLON M., LASCOUMES P. et BARTHE Y. [2001], *Agir dans un monde incertain*, Seuil, Paris.

CAMERON G. [2001], « Scientific data, the electronic era, intellectual property », *in IPR Aspects of Internet Collaborations*, Ec/Community Research, Bruxelles, *Working Paper*, n° EUR 19456.

CARTER A.P. [1994], *Change as Economic Activity*, Brandeis University, Department of Economics, *Working Paper*, n° 333.

— [1996], « Measuring the performance of a knowledge-based economy », *in* FORAY D. et LUNDVALL B. (dir.), *Employment and Growth in the Knowledge-Based Economy*, OECD, Paris.

CASSIER M. et FORAY D. [2001], « Économie de la connaissance : le rôle des consortiums de haute technologie dans la production d'un bien public », *Économie & Prévision*, n° 150-151, p. 107-122.

CETTE G. [2007], *Productivité et croissance en Europe et aux États-Unis*, La Découverte, « Repères », Paris.

CHARTIER R. [1994], « Du codex à l'écran : les trajectoires de l'écrit », *Solaris*, n° 1, PUR, Rennes.

COCKBURN I. [2006], « Blurred boundaries : tensions between open scientific resources and commercial exploitation of knowledge in biomedical research », *in* KAHIN B. et FORAY D. (dir.), *Advancing Knowledge and the Knowledge Economy*, The MIT Press, Cambridge MA.

— [2007], *Is the Market for Technology Working ? Obstacles to Licensing Inventions, and Ways to Reduce Them*, Conference on The New Economics of Technology Policy, Monte Verita.

— [2008], « Pharmaceuticals », *in* MACHER J. et MOWERY D.C. (dir.), *Innovation in Global Industries*, National Academies Press, Washington D.C.

COCKBURN I., HENDERSON R. et STERN S. [1999], *The Diffusion of Science-Driven Drug Discovery : Organizational Change in Pharmaceutical Research*, National Bureau of Economic Research, Cambridge MA, *Working Paper*, n° 7359.

— [2004], *Balancing Incentives in Pharmaceutical Research*, National Bureau of Economic Research, Cambridge MA, *Working Draft*.

COHEN W., NELSON R. et WALSH J. [2002], « Links and impacts : the influence of public research on industrial R&D », *Management Science*, vol. 48, n° 1, p. 1-23.

COOK T. et FORAY D., « Building the capacity to experiment in schools : a case study of the Institute of Educational Sciences in the US Department of Education », *Economics of Innovation and New Technology*, vol. 16, n° 5.

CORRADO C. et SICHEL D. [2006], *Intangible Capital and Economic Growth*, National Bureau of Economic Research, Cambridge MA, *Working Paper*, n° 11948.

COWAN R., DAVID P.A. et FORAY D. [2000], « The explicit economics of knowledge codification and tacitness », *Industrial and Corporate Change*, vol. 9, n° 2, p. 211-253.

DASGUPTA P. [1988], « The welfare economics of knowledge production », *Oxford Review of Economic Policy*, vol. 4, n° 4.

DASGUPTA P. et DAVID P.A. [1994], « Toward a new economics of science », *Research Policy*, vol. 23, n° 5, p. 487-521.

DAVID P.A. [1990], « The dynamo and the computer : an historical perspective on the modern productivity paradox », *The American Economic Review*, vol. 80, n° 2, p. 355-360.

— [1993], « Knowledge, property and the system dynamics of technological change », *Proceedings of the World Bank Annual Conference on Development Economics 1992*, World Bank, Washington D.C.

— [1998], « Common agency contracting and the emergence of open science institutions », *The American Economic Review*, vol. 88, n° 2, p. 15-21.

— [1999a], « Path dependence and variety of learning in the

evolution of technological prac-
tice », *in* ZIMAN J. (dir.), *Technolo-
gical Innovation as an Evolutionary
Process*, Cambridge University
Press, Cambridge GB.
— [1999b], « Krugman's economic
geography of development :
NEGs, POGs and naked models
in space », *International Regional
Science Review*, vol. 22, n° 2,
p. 162-172.
— [2002], *Do « Bigger and Better »
Fences Make Better Neighbors in
Science and Technology Research ?*
A statement for the Royal Society
Committee on Intellectual
Property, Londres.
DAVID P.A. et FORAY D. [1995], « Acces-
sing and expanding the science
and technology knowledge base »,
STI Review, n° 16, p. 13-68.
— [2002], « Une introduction à
l'économie et à la société du
savoir », *Revue internationale des
sciences sociales*, UNESCO, n° 171,
p. 13-28.
DAVID P.A. et METCALFE S. [2008],
« Only connect : academic-
business research collaborations
and the formation of ecologies of
innovation », SIEPR, *Discussion
Paper*, Stanford University,
n° 07-33.
DAVID P.A., MOWERY D.C. et STEIN-
MUELLER W.E. [1992], « Analyzing
the economic payoffs from basic
research », *Economics of Innova-
tion and New Technology*, vol. 2,
n° 1, p. 73-90.
EAMON W. [1985], « From the secret
of nature to public knowledge :
the origin of the concept of
openness in science », *Minerva*,
vol. 23, n° 3, p. 321-347.
ELIASSON G. [1990], « The knowledge-
based information economy »,
in ELIASSON G. *et al.* (dir.), *The
Knowledge-Based Information
Economy*, Almqvist & Wiksell
International, Stockholm.
ENOS J. [1996], « The adoption of
innovations and the assimilation
of improvements », *in* FEINSTEIN C.
et HOWE C. (dir.), *Chinese Techno-
logy Transfer in the 1990s : Current
Experience, Historical Problems and
International Perspectives*, Edward
Elgar, Cheltenham.
EPSTEIN S.R. [1998], « Craft guilds,
apprenticeship, and technolo-
gical change in pre-industrial
Europe », *The Journal of Economic
History*, vol. 58, n° 3, p. 681-713.
ELMORE R. [1996], « Getting to scale
with good educational prac-
tice », *Harvard Educational Review*,
vol. 66, n° 1, p. 1-26.
FAUCHART E. et HIPPEL E. VON [2008],
« Norms-based intellectual
property systems : the case of
French chefs », *Organization
Science*, vol. 19, n° 2, p. 187-201.
FORAY D. [2004], *The Economics of
Knowledge*, The MIT Press,
Cambridge MA.
— [2007], « Enriching the indicator
base for the economics of
knowledge », *in* OECD, *Science,
Technology and Innovation Indi-
cators in a Changing World*,
OCDE, Paris.
— [2008], *Technology Transfer in the
TRIPS Age*, ICTSD Programme on
Intellectual Property Rights
and Sustainable Development,
Genève.
FORAY D. et GAULT F. [2003], *Measu-
ring Knowledge Management in the
Business Sector*, OCDE, Paris.
FORAY D., HALL B. et MAIRESSE J.
[2007], *Pittfalls in Estimating the
Returns to Corporate R&D Using
Accounting Data*, First European

Conference on Knowledge for Growth, IPTS, Séville.

FORAY D. et HARGREAVES D. [2003], « The production of knowledge in different sectors : a model and some hypotheses », *London Review of Education*, vol. 1, n° 1, p. 7-19.

FORAY D. et HILAIRE PEREZ L. [2006], « The economics of open technology : collective organization and individual claims in the "fabrique lyonnaise" during the old regime », *in* ANTONELLI C., FORAY D., HALL B. et STEINMUELLER W. (dir.), *New Frontiers in the Economics of Innovation and New Technology*, Edward Elgar, Cheltenham.

FORAY D. et MAIRESSE J. [1998], *Innovations et performances des firmes*, Éditions de l'EHESS, Paris.

FORAY D., MURNANE R. et NELSON R. [2007], « Randomized trials of education and medical practices : strenghts and limitations », *Economics of Innovation and New Technology*, vol. 16, n° 5, p. 303-306.

FORAY D. et LHUILLERY S. [2007], *Structural Changes in industrial R&D in Europe and the US : Towards a New Model ?* First European Conference on Knowledge for Growth, IPTS, Séville, à paraître dans *Science and Public Policy*.

FORAY D. et STEINMUELLER W.E. [2003a], « The economics of knowledge reproduction by inscription », *Industrial and Corporate Change*, vol. 12, n° 2, p. 299-319.

— [2003b], « On the economics of R&D and technological collaborations : insights and results from the project Colline », *Economics of Innovation and New Technology*, vol. 12, n° 1, p. 77-97.

FORAY D. et VAN ARK B. [2007], *Smart Specialization, Policy Brief*, n° 1, Expert Group Knowledge for Growth, European Commission, Bruxelles.

GAULT F. [2006], « Measuring knowledge and its economic effects : the role of official statistics », *in* KAHIN B. et FORAY D. (dir.), *Advancing Knowledge and the Knowledge Economy*, The MIT Press, Cambridge MA.

GODIN B. [2007a], *The Knowledge Economy : Fritz Machlup's Construction of a Synthetic Concept*, Project on the History and Sociology of S&T Statistics, Canadian Science and Innovation Indicators Consortium, Montréal, *Working Paper*.

— [2007b], *The Information Economy : the History of a Concept through its Measurement, 1949-2005*, Project on the History and Sociology of S&T Statistics, Canadian Science and Innovation Indicators Consortium, Montréal, *Working Paper*.

GOODY J. [1977], *The Domestication of the Savage Mind*, Cambridge University Press, Cambridge GB.

GORDON R. [2000], « Does the new economy measure up to the great inventions of the past ? », *Journal of Economic Perspective*, vol. 14, n° 4, p. 49-72.

GREENAN N. [1999], « Technologie de l'information et de la communication, productivité et emploi : deux paradoxes », *in* BROUSSEAU E. et RALLET A. (dir.), *Technologies de l'information, organisation et performances économiques*, Commissariat général du Plan, Paris.

GRINDLEY P. et TEECE D. [1997], « Managing intellectual capital : licensing and cross-licensing in

semiconductors and electronics »,
California Management Review,
vol. 39, n° 2, p. 1-34.

GRILICHES Z. [1995], « R&D and
productivity : econometric
results and measurement issues »,
in STONEMAN P. (dir.), *Handbook of
the Economics of Innovation and
Technological Change*, Basil Black-
well, Oxford.

HALL B. [1996], « The private and
social returns to research and
development », in SMITH B. et
BARFIELD C. (dir.) *Technology, R&D
and the Economy*, The Brookings
Institution and American Enter-
prise Institute, Washington D.C.

— [2001], *The Global Nature of IP :
Discussion*, Toronto IP Confe-
rence, mars.

— [2004], *Exploring the Patent Explo-
sion*, National Bureau of
Economic Research, Cambridge
MA, *Working Paper*, n° 10605.

— [2007], « The funding gap : finan-
cial markets and investments in
innovation », in FORAY D. (dir.),
*The New Economics of Technology
Policy*, à paraître en 2009.

HANSEN M., NOHRIA N. et TIERNEY T.
[1999], « What's your strategy for
managing knowledge ? », *Havard
Business Review*, mars-avril,
p. 106-116.

HATCHUEL A. et WEIL B. [1992],
L'Expert et le Système, Economica,
Paris.

HAUSMANN R. et RODRIK D. [2002],
*Economic Development as Self-
Discovery*, National Bureau of
Economic Research, Cambridge
MA, *Working Paper*, n° 8952.

HEDSTROM M. et KING J. [2006],
« Epistemic infrastructure in the
rise of the knowledge economy »,
in KAHIN B. et FORAY D. (dir.),
*Advancing Knowledge and the
Knowledge Economy*, The MIT
Press, Cambridge MA.

HELLER M. et EISENBERG R. [1998],
« Can patents deter innovation ?
The anticommons in biomedical
research », *Science*, vol. 280,
p. 698-701.

HENDERSON R., JAFFE A. et TRAJTEN-
BERG M. [1998], « Universities as
a source of commercial techno-
logy », *Review of Economics and
Statistics*, février.

HIPPEL E. VON [1988a], *The Sources of
Innovation*, Oxford University
Press, Oxford.

— [1988b], « Trading trade secrets »,
Technology Review, février-mars,
p. 58-64.

— [1994], « Sticky information and
the locus of problem solving :
implications for innovation »,
Management Science, vol. 40, n° 4,
p. 429-439.

— [2007], *Democratizing Innovation*,
The MIT Press, Cambridge MA.

HIPPEL E. VON et TYRE M. [1995],
« How learning by doing is done :
problem identification in novel
process equipment », *Research
Policy*, vol. 24, p. 1-12.

HIPPEL E. VON et KROGH G. VON
[2003], « The private collective
model of innovation : issues for
organization science », *Organiza-
tion Science*, p. 209-223.

HIRSHLEIFER J. [1971], « The private
and social value of information
and the reward to inventive acti-
vity », *American Economic Review*,
septembre, p. 561-574.

JACOB C. (dir.) [2007], *Lieux de savoir*,
Albin Michel, Paris.

JAFFE A. [1989], « Real effects of
academic research », *American
Economic Review*, vol. 79,
p. 957-970.

— [1999], *Measuring Knowledge in the Health Sector*, OECD/NSF High-level forum, NSF, Washington D.C.

JAFFE A. et LERNER J. [2004], *Innovation and its Discontents*, Princeton University Press, Princeton.

JAFFE A., NEWELL R. et STAVINS R. [2004], « Technology policy for energy and environment », *Innovation Policy and the Economy*, vol. 4, p. 35-68.

KENDRICK J.W. [1994], « Total capital and economic growth », *Atlantic Economic Journal*, vol. 22, n° 1, mars, p. 1-18.

KLINE J. et ROSENBERG N. [1991], « An overview of innovation », *in* LANDAU R. et ROSENBERG N. (dir.), *The Positive Sum Strategy*, National Academy Press, Washington D.C.

KNORR CETINA K. [1999], *Epistemic Cultures*, Cambridge University Press, Cambridge GB.

KREMER M. [1997], *Patent Buy-Outs : a Mechanism for Encouraging Innovation*, National Bureau of Economic Research, Cambridge MA, *Working Paper*, n° 6304.

— [2000], « Creating markets for vaccines », *Innovation Policy and the Economy*, vol. 1, p. 73-118.

KREMP E. et MAIRESSE J. [2003], « Knowledge management, innovation and productivity : a firm level exploration based on the French CIS3 data », *in* FORAY D. et GAULT F (dir.), *Measuring Knowledge Management in the Business Sector : First Steps*, OCDE, Paris.

LAFFONT J.J. [1989], *The Economics of Uncertainty and Information*, The MIT Press, Cambridge MA.

LAM A. [2000], « Tacit knowledge, organisational learning and societal institutions : an integrated framework », *Organizational Studies*, vol. 21, n° 3, p. 487-513.

LECUYER C. [1998], « Academic science and technology in the service of industry : MIT creates a permeable engineering school », *American Economic Review*, vol. 88, n° 2, p. 28-33.

LEROI-GOURHAN A. [1964], *Techniques et langages*, Albin Michel, Paris.

LONG P. [1991], « The openness of knowledge : an ideal and its context in 16th-century writings on mining and metallurgy », *Technology and Culture*, p. 318-355.

LOSHIN J. [2007], *Secrets Revealed : how Magicians Protect Intellectual Property without Law*, Yale School of Law, *Working Draft*.

LOVE H. [1993], *Scribal Publication in Seventeenth-Century England*, Clarendon Press, Oxford.

MACHER J. et MOWERY D.C. [2008], *Innovation in Global Industries*, National Academies Press, Washington D.C.

MACHLUP F. [1962], *The Production and Distribution of Knowledge in the United States*, Princeton University Press, Princeton.

— [1984], *Knowledge, its Creation, distribution and Economic Significance*, vol. III, Princeton University Press, Princeton.

MACKENZIE D. et SPINARDI G. [1995], « Tacit knowledge, weapons design and the uninvention of nuclear weapons », *American Journal of Sociology*, vol. 101, n° 1.

MAIRESSE J. [1998], « Sur l'économie de la recherche technique », *in* GUESNERIE R. et HARTOG F. (dir.), *Des sciences et des techniques : un débat*, Éditions de l'EHESS, Paris.

MANSFIELD E. [1977], « Social and private rates of return from industrial innovation », *Quaterly Journal of Economics*, vol. 363, n° 2, p. 221-240.
— [1985], « How rapidly does new industrial technology leak out ? », *Journal of Industrial Economics*, vol. XXXIV, n° 2, p. 217-223.
— [1995], « Academic research underlying industrial innovations : sources, characteristics and financing », *Review of Economics and Statistics*, vol. 77, p. 55-65.
MICHEL S. [2002], « Formation et croissance économique en longue période : vers une continuité des temps de formation sur le cycle de vie ? », *Économies et Sociétés*, Série F, vol. 40, n° 3-4, p. 533-566.
MIDDLER C. [2007], « Les challenges de la compétition par l'innovation dans l'industrie automobile », *in* MOTTIS N., *L'Art de l'innovation*, L'Harmattan, Paris.
MOKYR J. [2000], « The rise and fall of the factory system : technology, firms and households since the Industrial Revolution », *Journal of Monetary Economics*, à paraître.
MOWERY D.C. et SIMCOE T. [2002], « Is the Internet a US invention ? An economic and technological history of computer networking », *Research Policy*, vol. 31, p. 1369-1387.
MURNANE R. et NELSON R.R. [1984], « Production and innovation when techniques are tacit : the case of education », *Journal of Economic Behaviour and Organisation*, vol. 5, p. 353-373.
NAVARETTI G., DASGUPTA P., MÄLER K. et SINISCALCO D. [1998], *Creation and Transfer of Knowledge*, Springer, Heidelberg.
NELSON R.R. [1959], « The simple economics of basic scientific research », *Journal of Political Economy*, vol. 67, p. 297-306.
— [2005], *Technology, Institutions and Economic Growth*, Harvard University Press, Cambridge MA.
OCDE [2007a], *Science, Technology and Innovation Indicators in a Changing World*, OCDE, Paris.
— [2007b], *Science, Technology and Industry Scoreboard*, OCDE, Paris.
OLSON G. et OLSON J. [2003], « Mitigating the effects of distance on collaborative intellectual work », *Economics of Innovation and New Technology*, vol. 12, n° 1, p. 27-42.
PERRIAULT J. [1993], « The transfer of knowledge within the craft industries and trade guilds », *in* BERTHELET A. et CHAVAILLER J. (dir.), *The Use of Tools by Human and Non-Human Primates*, Clarendon Press, Oxford.
PHELPS E. [2003], *Economic Underperformance in Continental Europe : a Prospering Economy Runs on the Dynamism From its Economic Institutions*, lecture, Royal Institute for International Affairs, Londres.
PHILIPPON T. et VERON N. [2008], *Financing Europe's Fast Movers*, Bruegel Policy Brief, Bruxelles, janvier, n° 2008/01.
PLANT A. [1934], « The economic aspects of copyright in books », *Economica*, mai, p. 167-195.
POLANYI M. [1966], *The Tacit Dimension*, Doubleday, New York.
PORAT M. et RUBIN M. [1977], *The Information Economy*, Government Printing Office, Washington D.C.
POWELL W.W. et SNELLMAN K., [2004], « The knowledge economy »,

American Review of Sociology, vol. 30, p. 199-220.

QUAH D. [1999], *The Weightless Economy in Economic Development*, LES Economic Department, Londres.

RAI A. [2006], « Open and collaborative biomedical research : theory and evidence », *in* KAHIN B. et FORAY D. (dir.), *Advancing Knowledge and the Knowledge Economy*, The MIT Press, Cambridge MA.

RAUSTALIA K. et SPRIGMAN C. [2006], *The Piracy Paradox : Innovation and Intellectual Property in Fashion Design*, à paraître dans *Virginia Law Review*.

ROMER P. [1993], « The economics of new ideas and new goods », *Proceedings of the World Bank Annual Conference on Development Economics 1992*, World Bank, Washington D.C.

— [2001], « Should the government subsidize supply or demand in the market for scientists and engineers ? », *Innovation Policy and the Economy*, vol. 1, p. 221-252.

ROSENBERG N. [1982], *Inside the Black Box : Technology and Economics*, Cambridge University Press, Cambridge GB.

— [1992], « Science and technology in the twentieth century », *in* DOSI G., GIANNETTI R. et TONINELLI P.A. (dir.), *Technology and Enterprise in an Historical Perspective*, Clarendon Press, Oxford.

ROSSI P. [1999], *La Naissance de la science moderne en Europe*, Seuil, Paris.

RUBIN M. et HUBER M. [1984], *The Knowledge Industry in the United States, 1960-1980*, Princeton University Press, Princeton.

SAMUELSON P. et SCOTCHMER S. [2001], *The Law and Economics of Reverse Engineering*, University of California, Berkeley.

SAXENIAN A. [2003], « Transnational technical communities and regional growth in the periphery », *in* TOUFFUT J.P. (dir.) *Institutions, Innovation and Growth*, Edward Elgar, Cheltenham.

SCOTCHMER S. [2004], *Innovation and Incentives*, The MIT Press, Cambridge MA.

SIMON H. [1982], *Models of Bounded Rationality : Behavioural Economics and Business Organization*, vol. 2, The MIT Press, Cambridge MA.

SMITH A. [1776], *Recherches sur la nature et les causes de la richesse des nations*, Gallimard, « Folio/ Essais », Paris, 1990.

SOLOW R. [1997], *Learning from « Learning by Doing »*, Stanford University Press, Stanford.

STEINMUELLER W.E. [2006a], « Knowledge, platforms and the division of labor », *in* KAHIN B. et FORAY D. (dir.), *Advancing Knowledge and the Knowledge Economy*, The MIT Press, Cambridge MA.

— [2006b], « Learning in the knowledge-based economy : the future as viewed from the past », *in* ANTONELLI C., FORAY D., HALL B. et STEINMUELLER W. (dir.), *New Frontiers in the Economics of Innovation and New Technology*, Edward Elgar, Cheltenham.

STIGLIZ J. [1991], *Social Absorption Capability and Innovation*, Stanford University, *CEPR Discussion Paper Series*, n° 292.

— [1994], « Economic growth revisited », *Industrial and Corporate Changes*, vol. 3, n° 1, p. 65-110.

— [1999], *Public Policy for a Knowledge Economy*, presentation at the DTT and CEPR, Londres, 27 janvier.

— [2002], « Information and change in the paradigm of economics », *The American Economic Review*, vol. 92, n° 3, p. 460-500.

STIGLITZ J. et WALLSTEN S. [1999], « Public-private technology partnership », *American Behavioral Scientist*, vol. 43, n° 1, p. 52-73.

TEECE D. [1998], « Capturing value from knowledge assets », *California Management Review*, vol. 40, n° 3, p. 55-79.

THOMKE S. [2006], « Innovation, experimentation and technological change », *in* KAHIN B. et FORAY D. (dir.), *Advancing Knowledge and the Knowledge Economy*, The MIT Press, Cambridge MA.

TOOLE A. [1998], *The Contribution of Public Science to Industrial Innovation : an Application to the Pharmaceutical Industry*, Stanford University, *SIEPR Discussion Paper*, n° 98-6.

TRAJTENBERG M. [2007], « Innovation policy for development », *in* FORAY D. (dir.) *The New Economics of Technology Policy*, à paraître en 2009.

TRIPLETT J. et BOSWORTH B. [2003], « Productivity measurement issues in service industries : Baumol's disease has been cured », *FRBNY Economic Policy Review*, septembre, p. 23-33.

TUBIANA M. [2008], *N'oublions pas demain*, Éditions de Fallois, Paris.

TYRE M. et HIPPEL E. VON [1997], « The situated nature of adaptive learning in organizations », *Organization Science*, vol. 8, n° 1, p. 71-83.

WEIZENBAUM J. [1976], *Computer Power and Human Reason*, W.H. Freeman, New York.

WYCKOFF A. et SCHAAPER M. [2006], « The changing dynamics of the global market for highly skilled », *in* KAHIN B. et FORAY D. (dir.), *Advancing Knowledge and the Knowledge Economy*, The MIT Press, Cambridge MA.

| 지은이 |

도미니크 포레이 Dominique Foray

세계적으로 인정받는 경제학자로, 유럽의 MIT로 불리며 뛰어난 연구 성과를 자랑하는 스위스 로잔 연방 공과대학교(EPFL) 혁신경제경영학부 정교수이다. 2007년부터 '성장을 위한 지식(Knowledge for Growth)'이라는 유럽위원회(EC)의 전문가 그룹 팀장을 맡고 있다.

| 옮긴이 |

서익진

경남대학교 경제금융학과 교수로, 프랑스 그르노블 사회과학대학교에서 경제학 박사 학위를 받았다. 조절이론 등 프랑스 경제학계의 성과를 국내에 소개하기 위한 번역과 이론화 작업을 수행하고 있으며 로컬, 내셔널 및 글로벌 간의 관계를 염두에 두고, 살고 있는 곳을 보다 나은 장소와 사회로 만들기 위해 문화예술 기반 도시재생 등의 분야에서 다양한 실천을 하고 있다.

ijseo@kyungnam.ac.kr; ijseo@naver.com

한울아카데미 1875

지식경제학(전면개정판)

지은이 **도미니크 포레이** | 옮긴이 **서익진** | 펴낸이 **김종수** | 펴낸곳 **한울엠플러스(주)**
편집책임 **이수동** | 편집 **허유진**

초판 1쇄 발행 **2004년 1월 30일** | 전면개정판 1쇄 발행 **2016년 3월 10일**

주소 **10881 경기도 파주시 광인사길 153 한울시소빌딩 3층** | 전화 **031-955-0655** | 팩스 **031-955-0656**
홈페이지 **www.hanulmplus.kr** | 등록번호 **제406-2015-000143호**

Printed in Korea.
ISBN 978-89-460-5875-0 93320

* 책값은 겉표지에 표시되어 있습니다.